KB274327

중국, 중앙아시아, 극동러시아 기행

민족의 공동체 의식

중국, 중앙아시아, 극동러시아 기행

초판 1쇄 발행 2015년 3월 20일

저 자 ㅣ 강건영
발행인 ㅣ 윤관백
발행처 ㅣ 도서출판 선인

등록 ㅣ 제5-77호(1998.11.4)
주소 ㅣ 서울시 마포구 마포대로 4다길 4(마포동 324-1) 곳마루 B/D 1층
전화 ㅣ 02)718-6252 / 6257
팩스 ㅣ 02)718-6253
E-mail ㅣ sunin72@chol.com
Homepage ㅣ www.suninbook.com

정가 18,000원
ISBN 978-89-5933-872-6 03910

· 잘못된 책은 바꿔 드립니다.

중국, 중앙아시아, 극동러시아 기행

- 민족의 공동체 의식 -

Travel Journal of China, Central Asia, and Russian Far East
— The Bond of Korean Communities —

강건영 저

도서출판 선인

2012년 3월부터 2014년 10월까지 3년 7개월간에 걸쳐, 중국 동북지방, 중앙아시아, 러시아 극동 연해주를 중심으로 여행하였다. 이 여행의 목적은 중앙아시아 고려인의 이주사 그리고 중국 조선족의 생활·문화사를 탐구하는 것이었다. 그리고 미지의 나라로 자아(自我)를 찾아나서는 여행이기도 했다. 몽골국에는 의료 봉사단의 일원으로서 방문했다. 또 중국 본토의 상하이에서는 중국의 문호, 노신의 공원과 기념관을 방문하여 이 문학자의 업적을 한층 깊이 알 수 있었다.

초기에는 중국 동북지방과 국경의 압록강 이북에 있는 단동, 대련, 여순, 심양을, 후에는 하얼빈과 장춘을 방문했으며, 여순에서는 독립운동가 안중근 의사가 수감되었던 여순 감옥과 여순 박물관을 순회하였다. 그리고 동쪽으로는 두만강 이북 중국 측에 있는 연변주의 용정, 연길, 도문, 방천을 방문하였다. 특히 중국·러시아 국경 마을인 방천에서는 아득히 멀리 보이는 북한의 산하를 잠시 바라보았다. 백두산에는 두 번이나 올랐는데, 웅대한 천지연을 조용히 거닐어 보았다.

중국 연길시에는 훌륭한 교회와 문화 시설이 있었고, 조선족 문화인도 있었다. 중앙아시아의 우즈베키스탄이나 러시아 극동의 블라디보스토크나 우수리스크에서도 대학교수나 학식 있는 고려인들이 배출되었다. 우즈베키스탄의 타슈켄트에서는 저명한 화가, 사진가, 평론가들과 만나, 이산 공동체(디아스포라, Diaspora)나 중앙아시아의 이주사 등에 대해서 서로 이야기할 수 있었다. 그것은 고려인들의 가혹한 역사적 운명을 듣는 것과 다름없었다.

하얼빈시에서는 안중근 의사 기념관과 조선족 민속박물관 등을 세 차례에 걸쳐 방문 하였고, 안중근 시비가 있는 조린공원도 찾아갔다. 또한 중국 동북지방에 있는 치치할시와 장춘시도 방문할 수 있었다.

이번의 기행을 통해 나는 일본에서는 경험할 수 없는 많은 감동과 지식을 얻었다.

때로는 목표가 없는 여행이었으나, 나에게는 고향의 향수를 채웠던 기행이었다. 더욱이 이 여행을 통해 내가 재인식한 것은, 한민족에게는 단일 민족이란 개념도 있으나, 다음 세 개의 장점이 존재하고 있다는 것이었다. 그 장점이란,

1. 강한 민족 공동체 의식 2. 어머니의 사랑: 자식에 대한 깊은 애정과 기대 3. 교육열 등이다.

본 문집의 내용이, 독자들에게 중앙아시아나 러시아 극동 연해주에 거주하는 고려인의 이주사나 중국 동북지방 조선족의 생활 문화사 등을 이해하는 데 도움이 된다면 참으로 다행한 일이다.

필자가 일본어로 쓴 원고를 한국어로 번역한 후에 교정해주신 가톨릭의대 명준표 부교수와 우정요양병원 전승란 간호부장, 리츠메이칸대학 김현태 연구원 그리고 하얼빈을 안내해주신 원덕풍(苑德風) 씨께 감사드린다.

본 문집 출판에 임하여, 제목을 영문으로 번역해주신 미국의 Don Lee 목사, 축사를 써주신 불문학자 이즈미 토시오(泉敏夫) 선생님, 그리고 언제나 좋은 의견을 주시는 추정의(秋正義) 씨, 장기간 본문을 게재해주신 『KOREA TODAY』 잡지의 편집·발행인 나가오 유타카(長尾祐) 씨 및 본서 일본어 출판을 지원해 주신 슈초사(朱鳥社) 대표 우지마 나오코(卯島直子) 씨, 그리고 서울의 출판사 '도서출판 선인'의 윤관백 사장님께 진심으로 감사의 말씀을 드리는 바이다.

2015년 2월
일본 오사카시 히라노구에서
강건영(姜健栄)

이 책의 목차를 보기만 해도 가슴이 벅차오른다. 지리적으로는 극동, 중국 동북부로부터 중앙아시아에 이르는 지역에 아우른 탐방이며, 그것도 기행을 넘어 필드워크 숙달사의 조사이기도 하고 각각의 지역 역사를 감안한 사회 분석이자 지역에서 나타나는 사상과 그 결정으로서의 조선·한국인의 사회와 문화 활동 모습이 상세하게 기록되고 있다.

저자는, 동쪽으로는 영봉 백두산의 역사와 풍부한 자연미, 신비로운 천지호 등으로부터 연변 조선족 자치주, 중국 동북부, 몽골국, 중앙아시아 우즈베키스탄을 방문하였다. 연변지구는 조선족 자치주이며 조선족이 설립한 훌륭한 문화 시설이 있어 그것을 필자는 정중하게 방문하여 그 특색을 기술하였다. 그 중 백미는 우선 연길의 연변사회복리원의 웅대한 크기와 시설에 가득한 조선족의 복지에 대한 자애라 할 수 있다. 그 독실한 복지실천은 세계에 자랑할 수 있다고 생각된다.

게다가 100년의 역사를 가긴 연길교회의 성대함 역시 감동을 준다. 신자가 많음은 물론 7명의 목사와 전도사 10명이 있다고 한다. 저자는 문화혁명 때 실명한 제2목사의 설교에 깊게 공감하였다고 한다. 연변사회복리원이나 연길교회의 존재, 이것을 지지하는 중국 정부의 관대한 민족 정책을 높이 평가한다.

저자는 연해주의 역사 즉, 러시아 연해주의 고려인이 1937년 9월부터 소련 정부의 결정에 의거하여 국경 지역 약 17만 2천 명의 고려인이 중앙아시아로 강제 이주 당한 고난의 역사적 사실을 보고했다. 우리는 이 사실이 세계사 속에 거의 드러나 있지 않았음을 알게 되었다.

왜 고려인이 러시아 연해주에 거주하고 있었는지, 또 왜 소련 정부가 먼 중앙아시아까지 고려인을 이주시키지 않으면 안 되었는지. 이것은 일본의 20세기 초기 정책과 관계가 밀접하다는 것을 알았다. 우선 일본이 1910년의 한일합방 후 '토지조사사업'에 의해 방대한 토지를 조선 농민으로부터 빼앗아 많은 소작인이 창출됨과 동시에 '위의 사업'에 의해 조선 농민이 토지를 잃은 결과 국경을 넘어 러시아령에 유입·이주하였다. 그리고 연해주의 조선인은 일본의 군국주의와 연결되는 친일적 분자로 위험시 된 것이 러시아령에서 고려인이 중앙아시아로 강제 이주당한 원인이 된 것도 분명하다. 뿐만 아니라, 1930년대 일본이 적극적으로 중국 침략을 시작하여 1931년에는 관동군이 만주를 점령하고, 1932년에는 만주국이 수립된 것이 고려인 이주에 박차를 가한 것이라 할 수 있다. 소련과 국경을 접하는 만주에 있어서 관동군은 전력을 더욱더 증강하여 소련을 위협하게 된다. 일본에 병합된 조선 민족이 소련에 다수 거주하는 것이 위험하다고 판단하는 것은 어찌 보면 당연한 것이다. 우리들은 조선 민족의 중앙아시아에의 강제 이주의 주된 원인이 이상의 역사적 배경에 있었다는 것을 반드시 알아야 한다.

그러나 중앙아시아의 고려인은 인내심과 농업 기술력을 바탕으로 이주 3년 후에는 불모의 대지를 벼농사 중심의 농업 지대로 바꾸는 데 성공했다고 한다. 교육 수준이 높은 문화인이 다수 배출되었다고 보도되고 있다. 더욱더 저자는 『정판용, 세계를 간다』에서 고려인의 강제 이주와 현황을 자세히 말하고 있는 연변대학 정판용 교수의 보고를 소개하고 있다. 저자는 정교수와 더불어 연변지구에서 걸출한 사상가·작가인 김학철을 소개했다. 김학철은 상상을 초월하는 고투의 생활을 보낸 후 장편소설 『20세기의 신화』, 『격정 시대』 등을 출판했다. 후자의 내용은 일제강점기 서울과 중국에서의 반일, 항일운동이 주제였는데, 저자의 소개를 통해, 김학필 선생의 왕성한 정의감, 불의의 정신, 깊은 인류애에 가슴 깊이 감동을 받았다.

저자는 하얼빈에도 두 번이나 취재를 갔다. 하얼빈시의 7층짜리 건물 조선 민족 예술관을 방문하여 특히 안중근 의사 기념실을 소개하였고, 또 2차 방문 시에는 신설된 기념관을 소개하고 있다. 그 외 조선족이 경영하는 농촌의 생활모습, 민족학교의 특색, 흑룡강 신문사(한글 신문)의 중국 동북지역에서의 활동 그리고 동포 여성의 각계에서의 활동을 소개하고 있다. 모두가 흥미로운 내용이다.

저자의 기행은 그 지역의 사회를 통찰하여 실태를 밝혀내고, 핵심을 파악해 동시에 그 지역에 결합된 뛰어난 인물을 놓치지 않고 우리들에게 생생히 전달해 준다. 상기의 정교수와 김학철 선생을 비롯하여 우즈베키스탄에서의 신순남 화가, 하얼빈이나 연길시에서의 안중근 의사, 또한 지고지순한 시를 통해 우리를 지금도 매료하게끔 하나 일제의 폭정에 요절한 윤동주의 기사는 감명을 준다.

이 책에서는 저자의 끊이지 않는 에너지가 느껴진다. 이제 다음의 새로운 구상을 가다듬고 계시는 것이 아닐까 눈을 비벼 기다린다.

2015년 2월
고베여자학원대학 명예교수 불문학자
이즈미 토시오(泉 敏夫)

1. 압록강과 심양 기행

　2012년 3월 11일, 중국 서남 역사 기행에 참가한 나는 관광버스를 타고 대련(大連), 여순(旅順) 관광을 마친 후, 금주(金州)를 경유, 단동(丹東)에 도착했다. 단동 관광은 '압록강단교', '건너편 강가의 북한 풍경을 바라보는 압록강 유람 크루즈', '호산장성(虎山長城)', '북한 국경 한 걸음' 등 주로 북한을 멀리서라도 보기 위한 여행이었다. 압록강은 국경의 강이라고 하기에는 긴장감을 느끼지는 못할 정도로 큰 강이었다. 또 심양(瀋陽)에서는 서탑가의 코리아타운에 있는 평양향육관(平壤香肉館)을 방문하여 노래와 연주를 들을 수 있었다.

1. 현대 도시 단동

　단동시는 압록강을 사이에 두고 북한과 접한 변경의 도시로 북한의 신의주와 마주보고 있다. 단동시는 인구 270만, 그 중 시내 인구가 70만을 넘는, 국경에 있는 변경 도시 중 중국 최대 규모이다. 랴오닝성의 인구는 심양이 800만, 대련 600만, 여순이 23만으로 단동은 3번째로 인구가 많은 도시이다. 역사적으로 예부터 중국과 조선을 연결하는 중요한 국경도시로서 번창해 왔다. 구만주 시대를 포함하여 1965년까지는 안동이라고 불려 대동아전쟁 전에는 3만여 명의 일본인이 거주하였다.

2. 압록강 다리

　원래 단동과 신의주 사이에는 2개의 철교가 위치하고 있었다. 모두 전쟁 전에 일본이 건설한 것이다. 한 개는 1911년경에 건설되었는데, 한국전쟁(1950년) 때 미군의 폭격으로 북한 측의 반이 부서졌다. 현재는 북한 측 교각 부분만을 남기고 철거되었고, 중국 측은 압록강단교로서 보존되어 관광지로 활용된다.

다른 철교 역시 1943년경 일본이 건설한 것으로, 전체 길이 946m의 철도·도로 겸용이다. 압록강다리로 불리고 있었으나, 1990년 10월에 북·중 양국이 논의하여, 지금의 '북·중 우호다리'라는 이름으로 변경되었다. 국제 열차로 북한에 가는 경우에는 이 다리를 건너서 간다.

3. 압록강단교

1950년, 미군의 B29가 압록강에 가설된 다리를 폭격해, 북한 측의 반을 파괴하였다. 목적은 중국 측의 지원 물자를 끊는 것에 있었다고 한다. 당시 단동은 북한 의용군의 병참지였다. 미군도 중국 측을 자극하는 것을 피하고 싶었던 것인지, 압록강의 중심에 있는 중국 측의 다리 부분은 공격하지 않았다. 현재, 이 단교는 관광지로 일반인에 개방된다. 우리도 20원의 입장료를 지불하고 파괴된 다리의 끝까지 걸어갔다. 다리의 곳곳에 당시의 미군 폭격 모습을 기록한 사진과 해설 기사가 전시되었다. 단교 입구 좌측에는 한국전쟁에 참전한 중국 의용군의 동상이 세워져 있다. 단교의 선단은, 문자 그대로 끊어져 있었다. 굵은 철골이 잘리고 구부려진 형상이며, 근처에 투하된 폭탄의 모형도 놓여 있었다. 또 파괴된 교각을 이용하여 조·중 변경을 표시한 '압록강'이라고 새겨진 비석이 서있었다. 단교의 선단에서는 신의주의 주변마을이 선명히 잘 보였고, 그 부근에는 유원지가 있었으나 전력 부족 때문인지 관람차는 멈춰 있었다.

○ 미군의 작전계획

중국 의용군(거기에는 많은 조선족부대가 참가하여 있었다고 한다) 이 한국전쟁에 참전하고, 조선 인민군과 함께 미군을 반격했을 때, 미국은 이 지역을 인민군의 병참기지라 여겨 원폭을 투하하려고 한 것은, 잘 알려진 사실이다. 당시 트루먼 대통령은 영국 등의 반대로 원폭 투하를 단념했으나, '단교'는 그 역사를 상징하며, 기억하게 한다. (타키자와 히데키 문헌)

4. 유람선 관광

약 40분의 크루즈관광에서는, 최초로 철교 아래를 지나 상류로 향해 북측으로 접근해 갔다. 북한 측에 3개의 큰 굴뚝이 보였는데, 그것들은 구오지제지(旧王子製紙)의 굴뚝이며, 북한은 이러한 과거 일본의 유물을 지금까지 사용하고 있는 것 같았다. 북측의 강바닥은 꽤 얕은 여울로 되어 있는 것 같고, 여름에는 허리까지 물에 잠길 정도인데 낚시를 하거나 물장난을 하는 아이들 모습이 곧잘 보인다고 한다.

유람선은 한층 더 남하하여, 북측의 항구에 다가갔다. 몇 척의 오래된 화물선이 안벽에 계류되어 있었으나 하역작업 크레인도, 오래된 화물선도 움직이는 모습은 관찰되지 않았다. 안벽에는 2~3명의 그림자가 보였으나, 자전거를 끌며 걷는 사람 외에는, 자동차도 없고 군인이나 아이의 모습도 보이지 않고, 한산한 분위기였다. 단동과는 대조적으로 건너편의 북한 측은 낡은 건물과 어선인 것 같은 배가 늘어선 시든 지방도시의 풍경이었다.

유람선은 다시 유턴 하여, 압록강 관광선의 선착장으로 향했다. 지금까지 그립고, 열심히 북측의 풍경을 쫓고 있던 나의 눈에, 태양의 빛을 받아 우뚝 솟은 단동 시내의 높은 빌딩군이 비쳐 왔다. 압록강이라고 하는 국경을 사이에 두고 우안과 좌안의 경관 차이가 나를 놀라게 했다. 낡은 배급 경제만을 추구해온 북쪽의 사회주의 국가와 실질적으로 시장 경제의 자본주의 사회에 변모한 중국의 사회주의 국가의 차이는 너무나 다르다는 것을 느꼈다. 택시의 운전기사도 "중국도 등소평(鄧小平)이 정권을 취하기 전에는 북한과 같이 곤란한 경제 상황이었습니다"라고 이야기를 했다. 북한 측의 강변에 국경 경비대가 상주하고 있을 것 같은 건물이 있었고, 대체로 국경선은 평온한 것 같았다. 북한과 중국은 우호국이기 때문일 것이다. 우리 단체의 몇 명은 망원 렌즈 카메라를 이용해 유람선이 북측의 강변에 상당히 접근했을 때 북측의 사람이나 선박 등을 시끄러운 소리를 내며 촬영하였음에도 불구하고, 아무도 제제를 받지 않았다. 유람선 안에는 아랍이나 동남아시아 등 여러 나라에서 온 관광객들이 여럿 좌석에 앉아있었으나, 선내에는 경찰도 없었고, 여행자를 감시하는 모습도 없었다. 현재의 중국은 민주적으로 자유로운 국가로 변화된 것 같았다.

5. 심양의 평양 가성 레스토랑

심양에는, 서탑에 활기찬 코리아타운이 있는데, 그 거리에는 4~5곳 정도 북한정부에서 경영하는 레스토랑이 있다. 나는 저녁식사를 겸하여 단체와 떨어져 택시를 타고 무지개(평양향육관)라는 북한정부가 경영하는 레스토랑을 찾아갔다. 거기의 웨이트리스들은 모두 미인으로, 치마저고리를 입고 손님을 따뜻하게 맞이하여, 다정하게 대우해 주었다. 그녀들은 평상시에는 웨이트리스로서 식사하러 온 손님에게 요리를 나르고 있었으나, 밤 7시 30분이 되면 악기 연주 등의 가성 공연을 하였다. 필자는 심양에서 노래나 악기를 연주하는 북한 경영의 레스토랑의 존재를 오사카에서 조사하여 알고 있었다. 그녀들은 평양의 실업 대학 학생으로 실습 목적으로 심양에 파견되어 왔다고 한다. 내가 소형 카메라로 그녀들의 연주를 촬영하려 하자, 처음에는 거절당했으나 조선 문화예술관의 심양 노인회장에게 나의 한글판 저서『치매와 양로원』의 전달을 의뢰한 점이 통하였는지 심양 출신인 온순한 마담은 사진 촬영을 특별히 허가해 주었다.

북쪽에서 온 그녀들은 음악의 연주 실력과 가창력, 신체적 매력을 기준으로 선발되고 있어 북한 사회의 엘리트라고 말할 수 있었다.

조선 민요를 노래하는 그 소리는 북한의 여성들의 특유한 울림소리가 실려 있어 일본에서는 들을 수 없는 높고 청명한 울림소리라 할 수 있었다. 단동에도 북한정부에서 경영하는 레스토랑이 4~5곳이 있다는 것을 확인했으나, 연주 및 민요를 들을 수 있는 가게는 적은 것 같았다. 이번 중국 여행에서 가장 인상에 남은 것은, 심양의 레스토랑 무지개에서 들은 그녀들의 아름다운 가성과 거문고의 연주, 그리고 단동에서 압록강 유람선을 타고 넓은 대하를 항해했던 크루즈여행이라고 할 수 있다.

문헌 〉

1) 타키자와 히데키,『중국 조선족에의 여행』, 오차노미즈 서방, 2005.
2) '압록강 유람-중국과 북한의 국경의 강을 크루징'(Yahoo).
3) 텟사·모리스 스즈키,「동북아시아 백년의 여행, 국경－심양에서 단동에」(Yahoo).

(2012.3.22.)

압록강 단교

2. 사할린동포 복지회관을 방문하여

2012년 6월 말, 필자는 한국 인천시에 있는 사할린동포 복지회관을 방문했다. 러시아의 사할린동포 사회에 관하여 이전부터 관심이 있었다. 2012년 4월 21일, 오사카 만박(大阪万博)에서 개최된 아사쿠라 토시오(朝倉敏夫) 교수의 '사할린의 김치(The life of Koreans in Sakhalin)' 강연을 듣고, 한층 더 사할린 영주귀국 고령자의 요양 시설을 조사할 마음이 생겼다.

1. 사할린동포의 역사

[표 1] 사할린동포의 역사

1905년	러일전쟁으로 일본 승리, 남 사할린 점령
1939~1945년	제2차 세계대전 중 조선인 약 15만 명을 사할린에 징용 이 중 약 10만 명은 일본 등에 재징용
1945년	일본 패배로 러시아가 사할린섬을 재점유
1946년	인구조사 시, 조선인 4만 3천여 명이 잔류
1976년	일본정부, 사할린 잔류 권고 조선인에 대한 도항 증명서 발급, 신청서 수리에 대한 방침 결정
1989년	사할린·소련 본토 조선인(소련적, 무국적)의 한국 방문(일본 경유)이 가능해짐
1990년	한러 국교 성립
2000년	영주 귀국자용 아파트(안산시)에 입주하게 되어, 900명이 영주 귀국

[표 1]에 나타나듯이 1905년 러일전쟁에서 일본이 승리하면서 남 사할린을 점령하였다. 1939~1945년 제2차 세계대전 중 일본은 조선인 약 15만 명을 사할린에까지 징용해 갔고, 또한 집단 모집을 통해 약 10만 명 정도가 일본 등에 재징용 되었다.

이 중엔 일본 군정의 선전으로 임금이 높다고 믿어 조선 남부나 일본으로부터 사할린에 탄광부로 건너간 노동자들도 있었다. 1945년, 일본의 패전으로 소련이 사할린섬을 재점유하게 된다.

1946년의 인구조사에 의하면 조선인은 43,000명 잔류하고 있었으나, 2010년에는 24,993명이었다. 1946년 소련 지구로부터 일본인은 집단 귀국이 개시되었지만, 조선인은 일본으로 입국이 허가되지 않았다. 1956년, 하토야마 이치로 내각 아래에서 일소 국교 정상화가 실현되어, 소련에 억류되어 있던 일본인은 석방되어 일본에 송환된다. 조선인 남편을 가진 사할린의 일본 여성에게도, 가족과 함께 일본으로 돌아가는 길이 열렸다. 1957년~1959년, 2년간 귀국한 일본인 아내는 766명, 그 남편과 아이는 1,541명이었다. 1976년, 일본정부는 사할린 잔류 조선인에 대해 이주 증명서를 발급, 신청서 수리에 대한 방침을 결정했다.

1989년, 사할린이나 소련 본토 조선인(소련국적, 무국적)의 일본을 경유한 한국 방문이 가능해진다. 1990년, 한러 국교가 성립되어, 2000년에는 한국정부의 지원으로 영주 귀국자용 아파트(안산시, 춘천시 등) 입주 목적으로, 900명이 영주 귀국했다. 영주 귀국 대상자는 사할린동포 1세대이며, 1945년 8월 15일 이전 사할린 거주자에게 한정되었다. 또한 1세대의 배우자 및 장애자 자녀가 입주 대상자로 포함되었다.

2. 사할린동포의 사업 현황

1990년~2011년 12월 한 조사에 의하면 영주 귀국자는 4,002명이며, 한국 국내의 복지시설이나 아파트 등, 20개소에 거주하고 있다. 모국 방문자는 17,314명이며 7일간의 산업 시찰 등이 주된 목적이었다. 반대로 한국인 3,652명이 사할린 잔류 가족을 방문하였다.(표 2)

[표 2] 사할린동포의 사업현황(기간: 1990~2011.12)

구분	인원수	비교
영주귀국	4,200명	전국 20개소 거주
모국방문	17,314명	7일간 산업시찰
역방문	3,652명	사할린 가족 방문

3. 사할린동포의 귀국 운동

1958년(쇼와 33년) 박노학(朴魯学)(고인), 아내 호리에 카즈코(堀江和子)가 아이 3명과 '하쿠산환'(白山丸)호를 타고 마이즈루에 입항하였다. 박노학은 선중에서 쓴 「동포 귀환을 호소하는 이승만 대통령에게」라는 탄원서를 가지고 한국 대표부 공사를 만났다. 또한 일본의 법무, 외무, 후생 각 성, 일본 적십자사, 국제 적십자, 대한 적십자, 한국 외무, 법무장관 앞으로 귀환 진정서를 발송하였다.

1967년, 박노학이 7천 명의 귀환 희망자 명부를 국제 적십자, 및 한일 정부에 보낸다. 1985년, 박노학의 초청에 의해 사할린 한인의 '일시 귀국'이 시작된다. 1988년, 호리에 카즈코 등의 '사할린 재회 지원회'가 발족되어, 동회에 의해 사할린 한인을 한국에 귀국시키는 처음의 '영주 귀국'이 실현되었다.

1989년, '의원간담회'의 이가라시 코오조(五十嵐広三, 사회당) 사무국장이 사할린을 방문하여, 귀환의 협력을 요청한다. 같은 해 7월, 사할린 한국 귀향 지원을 위한 한일 적십자의 공동 사업이 시작된다. 일본정부는 특별기금 공출금 5천 8백만 엔을

출자하였다. 1990년, 대한변호사회가 '사할린동포 법률 구조회'를 결성하였다. 1994
년, 한일 양 정부가 양로원, 아파트 건설에 합의. 1995년, 일본정부가 전후 50년 기
념사업으로서 10년간 천억 엔 규모의 '평화 교류 사업'을 밝힌다. 사할린 귀국자용
아파트 건설 자금으로 33억 엔을 쾌척하였다.

이상과 같이, 고령자에 한정된 사할린동포 영주 귀환 운동은 일본의 사회봉사자
활동가, 변호사, 국회의원, 시민 및 한국의 변호사회나 활동가들의 지원 운동에 의
해서 실현된 것이다(아라이 문헌).

4. 양로원과 아파트

1992년 9월 29일, 사할린에서 온 영주 귀국자 76명이 서울 김포공항에 내렸다. 그
중 여덟 명은 여성이었다. 그들은 공항에서 버스로 2시간 정도인 강원도 춘천으로
향한다. 춘천에 있는 양로원 '사랑의 집'이 귀국자들의 거처였다. 그러나 "귀국자들
가운데 일단 양로원에 입주한 다음 고향의 형제나 친척에게 돌아가기를 바라는 사
람이 대부분이었는데, 그들과 만났어도 1992년 말까지 고향에 돌아갈 수 있었던 사
람은 불과 6명밖에 없었다."

남동생이나 조카 등 가족들과 함께하고 싶어도, 생활에 여유가 없는 가정이 많았
다. 따라서 귀국자의 상당수는 고향에서 가까운 양로원을 희망했다. 영주 귀국자 중
에는 "고향에서 죽고 싶다. 고향의 흙이 되고 싶다"라는 일념으로, 오랜 세월 부부로
지낸 아내와 이혼하면서까지 귀국한 분도 있었다.

고향의 땅에 묻히고 싶다는 생각은 조선인 일반적인 것이지만, 사할린의 조선인은 특히 그것이
강하다(쓰노다 문헌).

그 후, 영주 귀국자들은, 경기도의 안산시나 인천시에 있는 사할린동포 복지회관,

경상북도 고령군의 대창(大昌)양로원이나 귀국자용 아파트로 이전해 갔다. 2011년 12월 시점에서, 사할린 영주 귀국자 4,002명이 전국 20개소에 입소해 있었다.

경상북도 경주 소재 나자레원(이사장 김유성, 사무장 송미호)에 사할린으로부터의 귀국자 거주 논의를 위해 가미자와 쿄코(神澤今日子) 씨와 사할린 한인 노인협회 회장 박해동(朴亥東) 씨 등이 방문하였지만, 나자레원 측은 일본계 여성을 받아들이는 데 난색을 나타내 확약은 얻을 수 없었다.

5. 인천 사할린동포 복지회관

2012년 6월 28일, 가톨릭의과대학 구정완 교수의 도움을 얻어, 이 복지회관을 방문 견학할 수 있었다. 서울이나 외국에서 온 견학 희망자가 많아 처음에는 필자도 허가되지 않았다. 인천국제공항에서 버스로 여러 시간 걸려 여기에 겨우 도착하여, 진승열 사무국장을 만나 관내를 안내 받았다.

본 시설은 인천 교외의 경치가 맑고 아름다운 낮은 산정에 위치하고, 대한적십자병원이 근처에 있으며, 대한적십자사가 운영하고 있다. 1999년 3월 2일에 개관하여 2012년 현재 개관 13주년이 된다. 관장 아래 사무장 1명, 촉탁의 1명, 간호사, 물리치료사, 생활 지도원등이 근무한다. 건설 시에 일본 적십자사로부터의 원조가 있었다.

[표 3] 입소자 현황(2012.6.27 현재)

	60~69세	70~79세	80~89세	90세 이상	계(명)
남	1	4	2	9	9
여	5	21	40	11	77
계(녕)	6	25	42	13	86

* 정원 90명. 평균 연령 83세.

[표 4] 입퇴소 변동 현황

연도	사할린영주 귀국	일반인전입	사할린에의 출국	일반 전출	사망
1999년~ 20012년 6월	115	118	25	29	133
계(명)	273 (입소자)		187 (퇴소자)		

* 현원: 86명
* 일반전입: 안산고향마을, 임대아파트에서 입소한 자
* 일반전출: 안산전문양로원, 임대아파트, 대창양로원에 전출한 자

1999년~2012년 6월, 본 시설 입소자는 273명으로, 사할린 영주 귀국자 115명, 일반인 118명, 퇴소자 187명으로 사할린으로 귀국자 25명, 일반 전출 29명, 사망자 133명이다. 현재, 여기는 사할린 영주 귀국자만이 수용되고 있다.

4명의 사할린 귀국자와 이야기를 했지만, 이들은 일본어가 매우 능숙하고, 대부분이 전쟁 전, 한국에서 일본을 거쳐 사할린에 건너간 분들로 나와 일본어로 말하는 것을 기뻐했다. 노인회 회장 이정희(83세) 씨는 36세 때의 젊은 무렵의 본인 사진을 보여주었다.

6. 이산가족

　1910년의 '한일합방' 후, 조선 총독부는 점차 조선인의 토지를 박탈하여 농민의 생활은 극도로 압박받았다. 제주도의 손씨 등은 가족을 먹여 살리기 위하여 처자를 동반하고 기타큐슈에서 일한 후, 오사카, 하코다테를 거쳐 1937년경 '임금이 높다'는 가라후토로 건너갔다(쓰노다 문헌). 본인은 고인이 되어, 그 자손들은 현재, 사할린에 잔류하고 있다.

　1939년, 경상북도에서 토지를 잃은 농민, 정호윤은 사할린의 탄광에 홀로 객지벌이를 하러 간다. 이로써 일가는 아버지가 일하는 사할린으로 이주. 1945년 장남은 고향 조부의 집으로 돌아가, 차남은 사할린에 있는 초등학교에 입학한다. 부모는 고인이 되어, 차남은 1975년 러시아 국적을 재취득, 2000년 한국에의 영주 귀국을 거부한다(카타야마 문헌).

　여기에는 근대사의 거센 파도에 휩쓸린 남자들이 고난의 길과 사할린 잔류를 피할 수 없게 된 가족과의 운명의 인연이 있다.

문헌〉

1) 쓰노다 후사코(角田房子), 『슬픔의 섬 사할린』, 신쵸오샤, 1994.
2) 아라이 사와코(新井佐和子), 『사할린의 한국인은 왜 돌아갈 수 없었나』, 소우시사, 1998.
3) 카타야마 미치오(片山通夫), 『어떤 사할린 잔류 조선인의 생활』, 가이후사, 2010.

(2012.7.18.)

3. 연변사회복리원을 방문하여 (1)
- 1원과 2원 -

2012년 6월 말, 나는 중국 연길을 5일 동안 여행했다. 7월 1일 오전, 여행 안내원의 소개로 연변주에서 가장 큰 연변사회복리원(延辺社会福利院)(일본식으로는 연변복지시설이라고 부른다)을 방문하여 다양한 시설을 보고, 새로운 정보를 얻을 수 있었다. 이번의 방문 목적은 일본이나 한국에서 조사를 실시한 고령자 복지시설과 중국과의 차이점을 비교하는 것이었다.

조선족이 주로 입소해 있는 연변사회복리원에 대하여 이야기하고자 한다.

1. 연변사회복리원

이 사회복리원은 1952년에 건설된 국가경영의 요양시설이다. 연변조선족자치주 연변주의 민정국 산하(길림성)에서, 일급의 사회복리사업단이다. 토지 면적 6.6만㎡, 건축 넓이 2.6만㎡, 총 침상 수는 800개이며, 4분원으로 구성되어 있다. 1원은 본원(1952년 개설)이고 수용인원 600명, 2원은 이화원 (頤化院, 2008년 개설) 이라 칭해, 수용인원 1,000명. 3원은 수용인원 80명의 아동 복리원이다. 4원은 수용인원 120명의 심신장애자용 시설이며, 팔포강분원(八浦江分院, 2007년 개설)이라고 이름 지어져 있다.(표 1)

[표 1] 연변사회복리원

	수용 인원	실과 침상 수	시설 구분
1원 (1952년)	600	400	1구 중증자 2구 양호 노인 3구 양로원 4구 특별 양호
2원 (2008년)	1000	62실	신관으로 양호 노인
3원 (2008년)	80	150	아동복지
4원 (2007년)	120	150 48실	심신장애자

　1원의 총 침상 수는 400개, 종합적인 봉사를 실시하여 4구로 구분되어 있다. 1구는 중증자용, 2구는 요양자, 3구는 자립 노인이 주인 양로원, 4구는 자립이 불가능한 노인을 위한 양호 시설이다. 2원은 건축 넓이가 5,600㎡나 되는 신관이며, 사회의 수요에 맞추어 보다 좋은 서비스를 제공하기 위한 목적으로 건설되었다. 여기에서는 주 6일 동안 온수 샤워가 가능하고, 다기능 시설로서 체력 단련실, 의무실, 물리치료실, 마작실, 당구실, 탁구실, 서도·미술실 등이 설치되어 있다.

　본원 3구의 식당에는 무대와 음악 설비가 구비되어 전문 예술단, 위문 공연단 등 원내의 문예 활동에 사용되고 있다. 정원에는 체력 단련시설, 휴게실, 화단, 산책로 등이 있다. 대체로 합리적인 서비스를 실시하여, 개개인의 심리 지원과 다채로운 노인 활동을 조직하고, 노후 생활을 보다 풍족하게 보낼 수 있도록 하고 있다. 식사는 과학적으로 안배되어 양질의 서비스를 제공하고 고급 시설로서 사회의 노인들이 보다 질 높은 생활이 가능하도록 하는 노력을 기울이고 있다. 정원은 넓고 조용하고 합리적으로 만들어져 있고 시설의 실내 설비도 고급이다. 배치된 가구도 우아하고 노인 개개인의 수요를 만족시켜, 노인들에게 있어서는 이양천년(移讓千年)의 낙원이다.

이 복리원의 안내문을 다음과 같이 소개해 본다.

주요한 책무는 조선 자치주 8 현내에서 '3무(三無)'(①의지 할 곳 없는 사람 ②집 없는 사람 ③ 생활 재원이 없는 사람)의 독거노인이나 고아, 신체장애자 등 사회의 약자들을 이 시설에 수용하여 지원하므로 사회적 자립을 할 수 있도록 원조하는 데에 있다. 의료가 필요한 분에게는 유상 혹은 적은 비용으로 할 수 있도록 노력(복무)한다.

우리는 양로 위주(爲主)이며 건강 회복이라고 하는 원칙 아래에서, '성심성의껏 입소자들을 위해서 복무한다'라는 목표를 갖고, 인간 위주의 정신을 고무시키면서, '사람을 위한 관리와 친절한 봉사'를 모토로, 모든 입소자들에게 '친척보다 친절하게' 대해주는 등, 직업 도덕을 준수하겠습니다. 가장 아름다운 환경, 훌륭한 봉사로서 사람들이 마음 편하게 지낼 수 있도록, 또 따뜻한 마음으로 풍족한 생활을 할 수 있도록 투명한 관리를 실시하겠습니다.

이 팸플릿 안에서, 연변사회복리원이 고령자를 위해 '전심전력을 다한다'는 강한 의지가 보인다.

2. 중국정부의 보호 정책

원장은 김뇌성(金雷声, 50세) 씨로 조선족이며, 사무국장은 간호부장을 겸한 리계국(李桂菊, 49세) 씨이다. 그녀는 한족이면서 조선어를 조금 알고 있었다. 이 시설에 통원 또는 입소해 있는 분의 대부분이 조선족이기에 조선어를 공부하게 된 것 같다. 그러나 한글을 쓰는 것은 잘할 수 없다고 한다.

나는 '리계국이란 훌륭한 한자의 이름이군요'라며 칭찬했다. 눈이 큰 그녀는 나를 원내로 정중하게 안내하여, 복리원의 귀중한 팸플릿을 건네주었다. 본관 입구에는 노인뿐만 아니라, 심신장애자들이 모여 있는 모습이 보였다. 이 시설의 정원에는 꽃밭이 있으며, 그 주변에는 조선식 정자(亭子: 아즈 마야)가 있었고, 10명 정도의 노인들이 앉아 한가로이 이야기를 주고받는 모습이 보였다. 이러한 정자는 인천의 사할린 귀국 노인 복지회관에도 있었다. 중국정부의 소수민족 정책으로 인해, 조선족뿐만 아니라 일부의 한족까지도 조선어를 말하고 있었다. 연변자치주에는 조선의 언어뿐 아니라 조선 고유의 문화가 잘 보존되고 있어, 근현대 우리 민족의 '정'이나 '이웃 사랑' 등이 지금도 남아 있다는 것을 느꼈다.

(2012.8.5.)

4. 연변사회복리원을 방문하여 (2)
- 3원과 4원 -

2012년 10월, 연변사회복리원의 제3원과 제4원을 취재하기 위해 두 번째로 연변을 방문하였다. 예전에 연길에 있는 본 복리원의 제1원과 제2원을 방문하였으며, 중국 조선족의 복지시설을 견학하여 많은 지견을 얻을 수 있었다. 이번 제4원 방문은, 심신장애자를 수용하기 때문에, 처음에는 견학허가가 나지 않았다. 그러나 주위 사람들의 도움을 얻어, 겨우 제4 연변사회복리원을 시찰할 수 있었다.

1. 제3원

2008년에 개설된 제3원은, 연변 아동복지원으로 부지면적 3,200평방미터, 건축넓이 3,400평방미터에 이르며, 150개 침상의 규모이다. 공정 예산은 1,050만 위안이며, '창공 계획'의 원조에 의해 연변에 건설된 최초의 국영 고아·장애아동 복리기구이다.

0세~18세까지의 아동만이 입소할 수 있으며, 내가 방문했을 때는 아주 어린 영아가 침대 위에서 자고 있었다. 시설 안내원은 유아 교사인 왕효령 씨였다.

1) 기초 시설 상황

건물은 민족특색이 다분한 경사식 지붕으로 설계되었으며 내부는 아동들의 개성 발달에 알맞게 인테리어되어 그 성능이 완벽하다.

다목적 구역 방안과 그 구석은 다른 색깔로 배색되었는데 벽면은 그림으로 장식하고 바닥은 채색 플라스틱 바닥재를 사용하여 아동복리원의 모든 공간이 찬연한 색채로 충만하여 어린이 시설답다.

뿐만 아니라 기능구역을 합리적으로 배치하여 기능성 및 실용성을 강조하였다.

실외에는 활동장소와 정원 녹화구역이 구비되어 있고 실내에는 생활구역, 교육구역, 의료구역, 회복구역, 오락구역이 설치되어 있다.

1층에는 사무실, 후근(後勤)보장구역과 아동식당이 있고 2층은 영아, 유아생활 구역으로서 분유배합실, 목욕실, 오락활동구역, 조기교육 및 감성교류훈련구역과 의료구역이 있다.

3층은 지체장애아동의 생활구역으로서 교실, 도서실, 활동실, 회복훈련 등 2구역으로 분포되어 있다.

4, 5층에는 자립 능력이 비교적 강한 아이들을 위주로 한 음악실과 활동실이 있으며 6층은 아동 음악실과 다기능구역으로서 동시에 여러 명의 어린이들이 놀이, 오락을 할 수 있을 뿐만 아니라, 각본을 만들고 연습하거나 기타 실내 활동을 전개할 수 있다. 다목적 구역 내에 아동생활, 오락, 교육, 회복, 의료 등 전용·전문설비가 마련되어 있어, 고아, 장애아동들의 생활, 학습, 재활, 의료 등 수요를 만족시킴으로써 구전적(具全的) 성능, 종합 이용의 목적을 달성하고 있다.

2) 양육사업상황

① 양육사업상황

사업의 실제에 맞추어 확고한 각 항목 사업제도를 제정하고 관리를 규격화함으로서 일체 책임제, 유동식 사업 및 근무교대제를 실시하였다. 고아, 장애 아동들은 그 특수성으로 말미암아 의외의 사고가 빈발하므로 시설건설 및 대비 안전성을 충분히 고려하였으며 배치안전설비를 갖추기에 전력을 다했다.

영아활동구역에는 전체적으로 유연한 포장을 함과 동시에 일상의 사업 중 안전관리를 특별히 강화함으로써 의외의 사고 발생을 철저히 방지하고 있다. 매 어린이에게 상응하는 안전한 생활환경을 마련해주기 위해 노력하였다. 그리고 연령대의 아동의 영양요구에 맞추어 영양에 과학적인 양육을 목표로 하고 있다.

영아는 수급에 따른 양육을 하고, 유아, 미취학 어린이는 매일 기본적인 음식 외에 우유 1컵, 달걀 1개, 과일 한 종류, 간식 1인분을 보장하고 있다.

음식, 생활의 규범화봉사를 강화하는 이외에도 아이들의 정서교육에도 중점을 두어 아이들로 하여금 건전한 인격, 건강한 심리를 갖추도록 양성하기 위해 심혈을 기울이고 있다.

영아들이 누구나 항상 가정의 따사로움을 느낄 수 있게 하기 위하여 금년부터, '친자식 양육방식'을 실시하여 아이들이 '엄마의 사랑이 가장 따사롭다'는 것을 느끼게 하였다.

예를 들면 직원마다 엄마의 신분으로 어린이 1명 혹은 몇 명씩 도맡고 목표성 있게 아이들이 복리원에서 사랑을 만끽하게 하고 있을 뿐만 아니라 복리원에서 양육한 아이 모두 자기의 '엄마'가 있게 하여 아이들의 성장 과정에서의 정서 감정을 만족시키고 있다.

② 치유정황

아이들이 복리원에 입양된 후에는 우선 종합병원에 가서 전면검진을 받게 한 후 어린이 각각의 건강서류를 작성함과 아울러 전염병은 철저히 격리시켰다. 입양 후 6개월 이내의 영아는 매달 1회, 6~12개월 영아는 3개월 1회, 1~3살 유아는 6개월 1회, 3살 이상 어린이는 매년 1회씩 정기적인 건강검진을 진행하여 제때에 어린이 면역계획사업을 추진하였다.

급성 혹은 심각한 질병에 걸린 어린이는 제때에 진찰치료를 하고 어린이 생활발육규율에 따라 이상 현상을 일찍 발견하고 선천성 혹은 만성질환 어린이는 조기예

방을 한다. 수술치료가 필요할 때는 가장 빠른 시간 내에 계획하고 제때에 치유회복시키는 원칙을 따라 처리하였다.

영아, 유아들의 저항력과 건강수준을 개선하기 위해 '3욕(즉 공기욕, 일광욕, 수욕)'을 실행하는 한편 날씨에 따라 적당히 야외활동시간을 조절하기도 하였다. 연령, 발육정황, 질병수요에 대비해 과학석인 분석 양육방법과 의료방안을 제징하였으며 추적검진, 적시적인 조정으로 생활발육촉진, 질병통제 및 회복 효과를 실현하였다.

③ 교육정황

교육사업의 주요방침은 사람에 따른 분류교육 실시이다. 영아들에게는 '3조(조기발견, 조기 예방, 조기 치료)'교육과 친자교육을 실시하였다. 오락형식을 통해 영아, 유아들과 보육원의 빚을 근본으로 교류와 소통을 실현하고 아이들의 발육특점을 장악 하고 목적성 있게 그들의 공간능력, 사유능력, 청각능력을 운동 훈련 등의 방법을 채용하여 그들의 능력을 발휘할 수 있게 했다. 음악감상, 친자대화, 조각훈련, 언어훈련, 기억훈련, 감지훈련, 운동훈련 등 방법을 채용해 그들의 여러 방면의 능력이 제고되도록 하였다.

기본적으로 정상인 어린이들에 한해서는 유치원 교학내용을 기준으로 언어과, 계산과, 미술과, 음악과, 체육과를 설치하고 유치원 교원을 배치하여 그들의 규범화된 유아교육을 받게 하였다.

발육부진, 지적장애, 신체장애자 어린이들은 상대적으로 교육강도를 낮추어 중점을 조기 치료와 회복에 두었다.

학령기 어린이들은 될수록 학교의 정규교육을 받을 수 있게 도와주고 학교에 갈 수 없는 지적장애 어린이는 특수교육과 정감교육을 결합하는 방식에 눈을 돌려 취미성을 강조한 간단한 문화과를 수강하게 하고 오락을 많이 하는 방법으로 그들에게 예절을 가르치고 간단한 생활상식을 배우게 하여 상호존중하면서 정감관계를 세울 수 있게 인도하였다.

또한 어린이들이 능히 할 수 있는 일들은 스스로 하도록 격려하고 장애정도가 가벼운 어린이들에게는 수공과와 기능양성과를 늘리고 자립능력 향상에 기여했다.

2. 제4원

제4원은 8포강(八浦江)분원이라고 불리고, 제4원의 전신은 연변사회복리원 분원이다.

2007년 12월 6일, 연길시 의란진황초구로부터 현재 위치로 이주했다. 총부지면적은 2,000헥타르, 건축면적은 3,600평방미터에 달하며 생활강복, 부업생산, 축목양식, 녹지산장 4대구역으로 분포되어있다.

입양 대상은 '3무' 인원중의 정신박약군체이다.

생활회복구에는 150개의 침대, 48개의 방이 설치되어있는데 남, 여 및 장애자 3개 양성구역이 있다.

부업생산구에는 8헥타르의 채소기지와 2헥타르의 과수원이 있어 원내 부분적 채소 공급을 해결하고 있다.

목축구에는 양식구역, 녹지와 우사가 있는데 생태양식에 양호한 조건을 제공하고 있다. 녹지산장의 총부지면적은 1,990헥타르로서 사슴먹이공급과 소, 양 가축방목의 중요기지가 되고 있다.

필자가 용정을 거쳐 웅덩이가 있는 좁은 산길을 차로 올라 산속에 있는 제 4원을 방문하였을 때 많은 제4 사회복리원 소속 장애자들이 시설주변에 있는 옥수수밭이나 채소밭에서 농사일을 하거나 가까운 강에서 놀고 있었다.

필자가 여행안내원과 같이 사과, 배 2상자를 지참하여 제4원을 방문했을 때, 안립파 주임(한족의 여성)이 마중 나와 주었고 우리를 원내시설에 안내하면서 다음과 같이 설명했다.

4원에는 18세 이상의 지적장애자만이 입소가 허가되어 정원은 120명으로 현재의 인원은 남성 70명, 여성 35명, 합계 105명입니다.

입소자 중에는 처자식에게 버림당한 알코올의존증의 노인도 있었다. 그는 우리 차에 가까이 와, 태워 달라 요청했기 때문에, 버스 정류장이 있는 마을까지 태워 주었다.

지적 장애자들을 인가가 없는 산속마을의 복지시설에 수용시켜 실내에 가두지 않고 대자연의 밭이나 강에서 자유롭게 행동시키며 작업시키는 것도, 하나의 치료 방법이라고 필자는 생각하였다.

(2012.12.5.)

5. 연변 기행 (1)
- 두만강과 방천 -

2012년 7월 2일, 나는 중국 연길을 중심으로 5일간 여행을 했다. 〈눈물 젖은 두만강〉이라는 가요곡은 지금도 한민족의 마음에 영향을 주는 국민적인 가요인데 그 두만강도 방문하게 되었다. 도중에 러시아, 중국, 북한의 국경이 접하는 삼각지대 '방천'에도 가보고, 전망대로부터 두만강과 북쪽의 산하를 마음껏 바라보고 왔다.

1. 두만강과 간도(間島)의 역사

두만강은 중국과 북한을 분리하는 국경선으로 되어있는데 북쪽 강변은 중국 길림성, 남쪽 강변은 북한의 함경북도이다. 이 하천에는 강폭이 좁은 곳이 있어 북한 측과 중국 측에 사람이 마주서서 큰 소리로 대화도 할 수 있으며 이산가족도 대면시킬 수 있다고 한다. 그러나 여기는 북한으로부터의 난민이 월경하기 쉬운 지대로 알려져 조선인민군의 엄격한 감시하에 놓여 있다.

두만강 하구 부근에서 중국령은 끊어져 러시아령의 국경인 사한이 이어지는데, 중국과 러시아의 국경은 1997년에 확정되었다. 중국에서는 도문(図們)강이라고 표현한다. 백두산을 그 수원지로 하여, 중국, 북한, 러시아의 국경 지대를 서두수, 훈춘강 등의 지류를 모으면서 동쪽으로 흐르는데 서수라라고 하는 반도의 동쪽에서 일본해로 흘러 들어가는 전체 길이 521km의 국제 하천이다. 고려시대까지 이 영역 일대는 여진족의 세력하에 있었으나, 조선 초기에 두만강을 경계로 남쪽이 조선령으로 편입되었다.

중국은 두만강 하류의 훈춘시를 국경 개방 도시로 지정해, 훈춘 경제합작구로서 개발을 진행하고 있다. 나는 훈춘시에서 새로운 빌딩이나 유원지가 건설되고 있는 것을 보았다. 한층 더 나아가 중국정부는, 동북부에 항구가 없다는 이유로 북한의 나진항을 30년간 경제 특구로 지정 개발권을 취득하였다. 현재, 중국의 상인들은 나진항을 방문하여 동북지방의 물산이나 쌀 등의 곡물을 나진항을 경유하여, 상하이까지 배로 운반하고 있고, 육로보다 경비가 저렴하다고 한다.

중국 동북부에 조선족이 이주하기 시작한 것은 청조 시대이다. 중국을 정복한 만주족이 대거 중국 본토에 이주해, 이민족의 만주 지역 이주를 금지했기 때문에, 만주는 사람이 살지 않는 무인지대가 되었다. 한편, 조선에서는 자연재해가 계속 되어, 농촌이 피폐해지고 농민은 기아에 시달리고 있었다. 조선 왕조의 정치실패도 있고, 생활고에 몰린 농민들은 두만강을 건너 만주로 비집고 들어가, 화전이나 조선 인삼의 채집을 하면서 살아남으려고 했다. 처음에는 강을 왕래하였으나, 이윽고 정주자가 증가했다.

이 땅의 조선족 거주지는 '간도'라고 불렸다. 1881년, 청나라는 러시아의 남하를 막기 위한 도항금지령을 풀고, 만주로의 이민을 장려했다. 이 조치로 조선인의 이민이 폭발적으로 증가, 간도의 영유권을 둘러싸고, 청과 조선 사이의 분쟁의 불씨가 되었다. 나를 안내한 조선족인 채씨의 조부도 110년 전, 강원도로부터 지개로 짐을 짊어지고 두만강을 건너 간도로 이주해 왔다고 한다.

1910년, 한반도가 일본의 식민지가 되면서, 토지를 잃은 반도 북부의 농민이나 많은 독립운동가들이 간도로 흘러들었다. 1932년, 만주국이 성립되면서, 일본의 식민지 정책에 의해, 일본의 탁식회사 등에서도 조선인 개척 이민단을 만주로 보내왔다. 그 중에는 남쪽의 경상도, 전라도, 충청도의 사람들도 많았다. 농민, 상인들뿐만 아니라, 신천지를 꿈꾸는 다양한 조선인이 있었다. 이윽고 조선인의 거주지역은 간도 지역으로부터 점차 만주 전역으로 퍼져 갔다. 중국의 조선족은 약 200만 명인데 특히 동북 3성에 집중되어 있다.

길림성에는 약 120만 명이 살고 있는데, 길림성의 연변조선족자치주에 그 중 80만 명이 거주하고 있다. 그 외, 흑룡강성에 약 45만 명, 양녕성에 약 25만 명, 내몽고 자치구에 약 2만 명이 분포하고 있다. (정은숙 문헌)

1988년 서울 올림픽 이후, 친족 방문 등의 형태로 조선족의 한국행이 가능해졌다. 1992년에 한중 국교가 체결되자, 조선족 사회와 한국 사회와의 인적·물적 교류가 급속히 활발해진다. 무엇보다 큰 변화는 '조선족의 대이동'이 시작된 것이다. 중국보다 몇 배나 더 벌 수 있는 한국에 일자리를 구하려는 조선족이 급증하여, 한국의 노동력 시장에 있어서의 조선족의 비율이 점차 높아져 갔다. 서울의 식당 등에서 조선족 아주머니가 보이는 것은, 극히 당연한 일상적인 일이 되었다. '조선족의 대이동'은 한국에도 큰 경제 효과를 가져왔지만, 반면, 불법 체류, 착취, 가족의 이산, 과잉 소비 등 한국 사회뿐만 아니라, 조선족 사회 양쪽 모두 많은 사회 문제가 발생되었다.

2. 훈춘(琿春)의 '방천(防川)'

훈춘은 도문보다 북부에 있어, 한반도 지도의 정상에 있는 도시이다. 나 역시 러시아·중국·북한이 국경을 접하는 삼각지대 '방천'에 갔다 왔다. 여기는 3개의 나라가 접하는 군사 전략적인 요새이다.

나는 차로 연길로부터 도문을 경유하여 훈춘으로 향했는데, 두만강의 흐름을 따라 대하강의 반대쪽인 북쪽의 농촌이나 삼림이 적은 산들을 바라보면서 이동하였는데 도중의 길가에는 작은 매점도 있었다. 인삼이나 북한의 사진이나 다홍색과 적색이 선명한 치마·저고리를 나뭇가지에 걸어두고 팔고 있었다.

1920년 10월 2일 미명, 400여 명의 마적단이 훈춘을 습격했다. 그들은 일본 영사관과 상점 등에 불을 질러 150여 명을 납치해, 많은 재산을 빼앗았다. 이것을 훈춘

사건이라 칭하며, 사건 뒤, 일본의 재무성은 "사건은 다수의 불온한 조선인과 러시아 과격파가 범했다"라고 발표했다. 일본은 훈춘, 연길 등 4개 현 69개의 마을에서 많은 조선인을 살해하고, 3,500여 채의 가옥, 59개의 학교, 19개의 교회, 5만 9,900여 석의 곡물을 불태웠다. 대참사였다. 침략자는 어느 시대, 어느 나라에서나 약한 민중을 희생시키고 있다.

이 삼각지대도 중국정부에 의해 관광지화가 되어 전망대에는 많은 관광객이 밀려들어왔고, 러시아령과 북한의 풍경을 바라볼 수 있었다. 전망대 앞에는 삼국의 경계 인접지를 나타내는 '토자비(土子牌)'(청시대, 1886년 건립)가 있는 중국령의 '방천'이며, 두만강을 끼고 우측이 북한의 두만강 마을, 좌측이 러시아의 사하 공화국의 포시예트 초원과 하산항이다. 러시아령은 넓은 초원이 계속 되어, 먼 곳에 회관과 같은 건물은 있었으나 사람의 그림자는 안보였다. 지평선의 저쪽은 푸른 바다이다. '시베리아의 꽃'이라고 불리는 사하 공화국은 러시아 연방 21의 공화국의 하나로, 러시아 전 국토의 7분의 1을 차지하고 있다. 인구는 120만 명, 고려인은 5천여 명이 살고 있다.

'방천'의 전망대에서 바라본 두만강과 강 저편의 북쪽의 산이나 밭은 그립게 보여, 매우 소중하고, 마음속에 그려 온 내 고향 마을을 생각나게 했다.

문헌〉

1) 정은숙, 『중국 동북부의 '쇼와'를 걷는다』, 『동양경제신보사』(日本語), 2011.

(2012.7.30.)

두만강, 한·중 국경 다리

6. 연변 기행 (2)
- 연길과 용정 -

    2012년 7월 1일, 연길국제공항에 내리니, 공항의 출구에 여행 안내원 2명과 일본에서 최근 연길로 돌아간 리복순 부모가 기다리고 있었다. 나는 오사카 히라노 교회로부터 의뢰받은 선물을 등에 짊어지고, 손에 든 채 그들과 만나게 되었다. 이 선물들은 오사카 최 할머니(94세)가 연길 출신인 리복순 씨를 생각하고 그리워하여, 나에게 부탁한 것이었다. 거기에는 깊은 동포애가 담겨져 있었다.

1. 연길시

    연길시는 연변조선자치주의 중앙부, 장백산맥에서 이어지는 분지에 위치한 연변 최대의 도시이며, 정치 경제의 중심 도시이다. 인구는 40만 명 정도이며, 그중 40%를 조선족이 차지하고 있다. 1992년에는 조선족의 비율이 60%였으나, 지난 10년 동안 크게 줄어들었다. 한국과의 합작 기업도 많아, 조선어 방송인 텔레비전국과 연변일보 신문사도 있다. 교육·문화 도시로서의 성격도 강하고, 종합대학인 연변대학을 시작으로 10곳의 전문학교, 61개소의 중소 학교가 있다. 70여 개의 예술단체, 연변예술극장, 연길체육관, 8만 명 수용이 가능한 연길인민체육관도 있다. 2012년 9월 3일에는 연변조선족자치주 60주년 기념식이 이곳 연길인민체육관에서 열릴 예정이다. 또한 중국정부의 원조로 연변박물관이나 극장, 체육관이 신축된다고 한다.

    인천으로부터 연길까지 직항으로 약 2시간 30분 걸렸다. 북조선 상공을 날 수 없기 때문에 왼쪽으로 돌아 단둥을 오른쪽으로 돌고 백두산산맥을 횡단하여, 연길국제공항에 도착했다. 기내에서 내 주위엔 조선족 승객이 대부분이었는데, 평양사투리를 닮은 그들 특유의 방언으로 대화하고 있었다.

2010년의 조사에 의하면, 중국은 91.15%의 한족과 8.49%의 55개 소수민족으로 구성된 다민족국가이다. 그 소수민족 중에서 조선족은 10번째로 많은 민족이다. 조선족이란 '중국에 거주하여, 중국 국적을 가지는 조선 민족'을 말한다, 1900년대, 만주를 중심으로 살고 있었던 조선인이나 그 자손이 많다. 청시대에 건너간 조선족은 일부 만주족에 동화되었지만, 집에는 아직 한글로 쓰인 서류가 남아 있다고 한다.

오사카에 요도가와, 서울에 한강이 있듯이 연길에는 거리 한가운데를 흐르는 프르하톤강이 있다. 중국어의 '프르하톤'은 '버드나무'를 의미한다. 내가 묵은 호텔은 '국제호텔'이며 '백산호텔'과 함께 모두 5성 호텔이다. 11층의 방으로부터 바라보는 넓은 프르하톤강의 흐름은 나의 마음을 평온하게 했다. 겨울이 되면, 이 강은 얼기 때문에 걸어서 건널 수 있지만, 지금은 홍수로 한 명의 낚시꾼 모습도 볼 수 없었다. 강가에는 고층 맨션이 늘어섰는데, 이는 지난 10년간 경제발전을 이룬 것을 의미하고 있다.

중국정부의 '한글 우대 정책'에 의해 연길이나 용정, 도문 등 연변조선족자치주는 거리에 보이는 간판 모든 것이 한글과 한자로 명기 되어있고, 마치 한국의 소도시에 간 것 같은 느낌을 준다. 연변은 같은 구만주의 창춘, 심양, 대련, 하얼빈 등의 대도시에 비해, 일본에서는 그리 알려져 있지 않으며, 투어를 기획하는 여행 회사도 일본에는 없다. 한곳을 들자면 도쿄의 삼진트래블서비스 정도로, 여기도 개인 여행이 대부분이다. 그러나 재일동포인 나에겐, 이번 '연변 여행'이 북경이나 상하이와 비교해서, 북조선의 산하 경치를 가깝게 볼 수 있었던 것, 중국·러시아·북한 3국의 국경이 접하는 혼춘의 '방천', 그리고 국경도시 도문시 등에서 두만강이 잘 보였던 것이 어느 도시보다 매력적이었다.

연길은 '개발·재개발 러시'가 한창이었는데, 새로운 빌딩이 차례차례 들어서고,

만주 시대의 건축물은 사라지고 있다고 한다. (정은숙 문헌)

2. 동포와 교류

나는 이번 연길에서 만난 수명의 동포들로부터 마음에 안도감과 깊은 인상을 받았다. 타키자와 히데키(滝沢秀樹) 교수가 그 저서에서 언급하듯 "연변에는 유교적 국가 윤리의 전통"이 남겨져 있어, "우정을 소중히 하는 조선족의 '정'에 언제나 감격한다"라고 적고 있다. 나도 동감하며, 이 좋은 '풍습과 정'이 현대 한국이나 일본에서는 없어지고 있어 안타까울 뿐이다.

① 두 명의 의사: 이 의사들을 소개해 주신 것은 타키자와 교수이다. 두 의사는 연변대학 의학부를 졸업한 동급생(49세)으로, 현재 공립 병원의 내과 부장으로 근무 중이다. 두 의사는 나와 첫 대면임에도 불구하고, 나에게 저녁식사를 대접하였다. 2년 전 개업한 일본 요리점으로 안내하여, 대 만찬회를 열어 주었다. 그리고 우리는 상호간의 의견을 교환할 수 있었다.

② 연변일보사 기자: 리동복(李東福) 씨는 오사카에서 최근 돌아간 리복순(李福順)(전 소학교 교사) 씨의 여동생으로, 오랫동안 연변일보사의 기자로 있었다. 나는 신문 기사를 위해 국제호텔의 카페에서 진행된 인터뷰에 임했다. 한국 울산박물관에서 2012년 4월 28일부터 2013년 5월 30일까지 열리는 '오사카정우사(大阪正祐寺)'의 고려종 전시회와 함께 내가 지금까지 진행했던 문화재 귀향 운동의 경위 등을 설명했다. 요청에 따라 전시중인 고려종 사진도 제공했다.

③ 채광수(蔡光洙) 씨: 연변조광여행사의 사장이다. 이번 여행으로, 나를 연길시를 시작하여 두만강, 백두산으로 4일간에 걸쳐 친절하게 안내해 주었다. 일본에 유학한 경력도 있어 한국어나 일본어에 통달했다. 채 씨에게는 우리에게 사라진 '정'이 있었고, 백두산 등산시의 입장료나 필수품 구입료 등, 나에게 가능한 한 요금을 받

으려 하지 않았다. 게다가, 중국이나 조선의 역사에 대해서도 자세히 가르쳐 주었는데, 안중근 의사가 100여 년 전에 연변에서 머물렀던 집(안동렬 씨 자택)이나, 총연습을 했다고 하는 산(섬바위, 島岩)을 가르쳐 주었다. 또, 이 지방에서 가장 큰 노인 양호시설, '연변사회복리원'으로 나를 안내해주었다. 게다가 100년의 역사를 가진 '연길교회'에도 안내해 주었다. 그 후로도, 나의 요정에 따라 중국조선족가요 CD, 중국조선족민속 DVD 등을 우편으로 보내왔고, 또한 이메일을 통하여 나의 질문에 정중히 답해 주고 있다.

3. 윤동주(尹東柱)의 고향, 용정

한국을 대표하는 '국민적 시인'으로 인기가 있는 윤동주는 1917년 12월 30일에 지금의 연길성 용정시 지신진 명동마을에서, 2남 1녀의 장남으로 태어났다. 윤가는 증조부 대에 함경북도 종성으로부터 간도로 이주하여, 조부 대에 명동마을로 옮겨 살았다. 윤동주는 용정시내에 있는 은진중학교에 진학하여, 3년 후 평양에 있는 숭실중학에 편입했다가, 후에 용정의 광명중학으로 돌아온다. 이후 경성에 있는 연희전문학교(지금의 연세대학) 문과에 유학, 거기서 3년간 왕성한 시 창작을 한다. 1942년, 24세가 된 윤동주는 도쿄로 건너가 릿쿄대학 영문과에 입학한다. 그 해 여름방학 고향으로 돌아왔다가, 동년 가을부터 교토의 도시샤대학 영문과로 옮긴다. 그리고 다음해 여름, 고향으로 귀향을 눈앞에 두고, 교토 시모가모 경찰서에 체포당한다. 항일운동에 관련되었다고 해서 교토대학에 재학 중이던 사촌 송몽규와 함께 치안유지법 위반으로 징역 2년형을 선고 받아 후쿠오카 형무소로 이송되었다. 구체적으로는 한글로 시를 썼던 것이 죄로 여겨졌다. 1945년 2월 16일, 옥중에서 27년의 생애를 마감하였다.

갑작스런 사망 통지를 받은 고향의 가족들은 통곡했다. 아버지의 가슴에 안겨 고향으로 돌아온 윤동주의 유골은 3월 초, 고향의 산에 매장되었다.

만주로부터 경성, 그리고 일본으로 유학 간 일가의 장남을 아버지나 어머니는 얼마나 대견히 생각하며, 주위에 자랑했을까. (토다 이쿠코 문헌)

윤동주의 시비는 연세대학교, 일본 교토의 도시샤대학 이마데가와 캠퍼스에 지어져, 추도 집회도 열렸다. 현재 호주에 거주하는 윤의 여동생, 윤혜원 씨는 한국과 일본에 있는 오빠의 시비를 방문했다고 한다.

나도 두만강 여행에서 연길로 돌아오는 길에, 시인 윤동주가 졸업한 용정의 대성중학교를 방문하여 시비가 있는 중학교 고적 앞에서 운동장을 바라보면서 '인간의 운명'에 대하여 잠시 고뇌하였다.

문헌 〉

1) 타키자와 히데키(滝沢秀樹),『중국 조선족에의 여행』(日本語), 오차노미즈서방, 2005.
2) 정은숙,『중국 동북부의 '쇼와'를 걷는다』(日本語), 토요 경제신보사, 2011.
3) 토다 이쿠코(戸田郁子),『중국 조선족을 사는 구만주의 기억』(日本語), 이와나미서점, 2011.

(2012.8.26.)

7. 연변기행 (3)
- 연길교회와 안중근 의사 -

1. 연길교회

이번 연변 여행에서 나는 창립 100주년의 긴 역사를 가진 연길교회를 방문하여 그 채플의 거대함에 놀랐다.

연길시 참화거리(参花街)에 있는 연길교회(Protestant)는 연집강하반(烟集河畔)에 있다. 그 위용은 중국이라는 사회주의 국가에 있으면서, 조선족의 두터운 신앙심을 느끼게 한다. 창립은 1911년 12월 17일. 지금의 서시장 부근 동쪽 310m에 위치한 곳에 우아한 예배당을 건축하여 낙성식 예배를 바친 것이 연길시 크리스트교회의 창립이 되었다. 현재의 교회는 한국 장로파 교회의 원조에 의해서 1996년에 지어졌다.

연변에서의 크리스트교 전도는 주로 20세기 초부터 시작되었다. 1966년 중국의 문화대혁명기에는 예배당이 홍위병에 점령되어 교회에서의 활동은 정지 상태에 몰리는 등, 그 발전은 순조롭지 않았다. 어느 정도 자유롭게 된 것은 80년대에 들어오고 나서이다. 조선어로 실시하는 일요일 예배에는 수백 명

연길교회

연길교회 합창단 1반

이 모여, 대예배당은 가득 차게 된다. 한편, 중국어 예배는 1층의 소예배당에서 행해진다. 내가 오후 6시 30분부터 저녁 예배에 참석했을 때, 채플 앞 광장에는 연길시 교외로부터 여러 대의 버스가 들어와 신자들이 차례로 내리고 있었다.

연길교회의 담임 목사는 유두봉 씨, 남동생 유두만 씨가 제2 목사이다. 그 밖에 3명의 남성 목사, 2명의 여성 목사가 있다. 전도사는 10명, 전도원 11명, 장로 12명으로 구성 된다.

제2 목사, 유두만 씨는 1966년의 문화대혁명 때, 반역파에 의해서 부친이 장로라는 이유로 실명을 당했다. 이 시기, 고인의 부친 유치화 씨가 연제교회의 장로로서 자택에 신자를 모으고 예배를 하고 있었다. 부인은 매우 상냥한 분으로, 남편 생각을 하는 모친이었다고 한다. 부친은 문화대혁명 때에 머리에 긴 모자를 쓴 채로 도로를 걷는 일을 당했다고 한다. 부친은 두 명의 자식을 목사로까지 성장시켰고, 두 목사의 설교의 능숙함은 호평을 받고 있다. 내가 일요일 밤, 대예배당에서 들은 실명한 남동생 목사의 설교는 언어학적으로, 음성 학문적으로도, 그 내용으로도 몹시 뛰어난 것이었다.

중국 태생이면서, 서울에서 듣는 정확한 우리말을 구사하는 것에 놀랐는데, 재일 사회에서는 보기 드문 현상이기 때문이다.

그날 밤, 3층의 대예배당이 신자로 만석이 되자, 퇴직 입구는 문을 닫고, 4층 예배당으로 사람들은 안내되었다.

내 앞자리에 앉아, 오전 중에 행해진 유두봉 목사의 설교문을 주위의 신자나 나에게 나누어주고, 또한 활발하게 양팔을 좌우로 흔들면서 찬송가를 노래하고 있던 유련옥(75세?) 씨는 내 물음에 대하여 자신은 한족이라고 대답했다. 연길동포의 민족성과 신앙심의 깊이에 나는 다만 감복할 뿐이었다.

2. 안중근 의사의 중국에서의 기념식전

연변주에는 안중근 의사가 러시아의 연해주와 조선 국내를 왕래할 때, 일시 체재한 민가가 있어, 기념관이나 사격 훈련을 하던 산도 있다는 이야기를 연길에서 들었다.

2004년 3월 25일, '안중근 의사 순국 95주년'을 기념하여, 하얼빈 샹그리라 호텔에서 『안중근과 하얼빈』 화첩 출간식이 성대하게 행해졌다. 이 출간식에는 하얼빈시의 각 조선족단체 지도자, 기업계 인사, 사회 유지, 내외의 학자 등 100여 명이 참가했다. 『안중근과 하얼빈』은 16절로 구성되어 184페이지, 중조 대조문으로 작성되었다. 화첩에는 손문, 주은래, 등영초(주은래 부인) 등의 위인들의 안중근에 대한 평가를 포함한 254점의 역사 자료가 수록되어 있고, 안에는 하얼빈을 중심으로 새롭게 발굴된 것이 71점이나 있다. 화첩은 안중근이 하얼빈역에서 이토 히로부미를 사살하는 장면으로부터 시작하여, 그의 성장 과정, 옥중 투쟁, 저술과 휘호 등 다양한 측면에서 안중근의 영웅 정신과 위인 풍모를 나타내고 있다. 화첩 출간식에서 연설한 분은 전 흑룡강성 당사연구소 김우종 소장이다.

3월 25일 저녁에는, '안중근 의사 순국 95주년'을 기념하여 하얼빈시 조선민족예술관과 하얼빈시 오페라단의 주최로 콘서트가 개최되어 연길시의 많은 단체와 학교의 조선족, 기업계 및 그 외의 저명인 등 800여 명이 참가했다.(문헌 1)

게다가 2009년 11월 29일~12월 3일, 연변조선족자치주의 연길시에서 '안중근 의거 100주년 기념 국제 학술회의'가 개최되었다. 주최는 연변대학 민족역사연구소, 주관은 조선사회과학역사연구소 등이다. 한국의 대학교나 일본에 있는 조선대학교도 초청을 받아 많은 학자들이 참가하고 있다.(문헌 2)

회의에서는 다양한 사항이 토의되었는데, 그 내용 중에서 내가 특히 주목한 것은 다음의 네 가지이다.

① 중국 훈춘시 인민 정부는 동시 포사동(浦思洞)에 남아 있는 관련 주거지를 조사하고, 그곳이 1907년부터 1909년까지 안중근이 연해주와 조선 국내를 왕래할 때, 일시 체재한 장소였다는 것을 확정함으로써 중국에서의 안 의사의 활동을 보다 분명히 했다. ② 안중근의 행위(이토 히로부미 암살)만을 가지고 그를 영웅적으로 평가해 왔지만, 그의 진가는 오히려 그 사상의 높이에 있다고 하고 있다. 안은 천부인권론을 기초로 하고, 개화사상, 크리스트교 사상이 복합된 사상 체계를 갖추고 있었다. ③ 안중근 재판의 문제점과 국제법의 가능성에 대하여도 지적이 이루어졌다. 당시의 고무라 외상(小村外相)이 법원에 극형에 처하라는 지시를 내렸던 것도, 정치 재판의 양상을 띠고 있었다. 포로로서 취급해야 한다고 하는 안중근의 주장은 당시의 국제법에 의하면 정당한 주장이었다. 재판 그 자체가 불법이며, 명예 회복과 진상 규명을 위한 조치가 필요하다는 것이 지적되었다. ④ 일본에서의 안중근 평가의

문제점도 지적되었다. 일본의 역사 연구와 역사 교육에서는, 지금도 안중근이 무시
되고 있어 '어리석은 테러리스트'로 보려고 하는 입장이 강하다. 게다가, 이토 히로
부미의 통감 통치에 대해서는 '한국의 근대화를 실행'하려고 한 것이라고 긍정적으
로 평가하는 경향이 강해지고 있다. 자국중심주의를 극복하여 '아시아로부터 일본
을 바라보는 것이 소중하다'라고 이 회의에서 강조되었다.

　　우리도 동감이다. 한편, 한국 측은 중국에 대해서 안중근을 '반식민지주의의 세계
적 영웅'으로 기념하도록, 다양한 장소에서 지적하고 있지만, 중국 측은 "암살자를
영웅시하는 것은 사회불안이 될 수도 있다"고 일관해서 신중한 자세를 바꾸지 않는
다고 한다.

문헌〉

　1) 조선족넷(중국의 조선족에 관한 뉴스 포털 사이트)(Yahoo Japan, 2012).
　2) 「안중근 의거 100주년 기념 국제 회의에 참가하여」, 『조선신보』(2012).

(2012.8.7.)

8. 백두산을 오르다
- 천지와 민족마을 -

　2012년 7월 초순, 나는 연변 여행을 하면서, 평소부터의 염원이었던 영산 백두산 등산을 실현할 수 있었다. 중국에서는 백두산을 장백산(長白山), 정상의 연못을 천지(天池), 그리고 대폭포를 장백폭포(長白瀑布)라고 명명한다. 한국에서는 백두산(白頭山), 태백산(太白山), 천지연(天池淵), 백두폭포(白頭瀑布) 등 다른 명칭으로 부르고, 일본에서는 천지호수(天池湖), 장백 폭포수(長白滝)라고 표현하고 있다.

1. 백두산

　백두산은 중국 길림성과 북한 양강도의 국경 지대에 있는, 표고 2,744m의 화산이다. 백두산의 정상에는 천지(Heaven Lake)라고 불리는 칼데라호가 있으며, 만주를 적시는 송화강, 중국과 북한의 국경인 압록강·두만강은 이 산에 수원을 두고 있다.

　중국 측의 산록에는 조선 인삼의 중국판이라고 말할 수 있는 장백산 인삼이 재배되며 일본 등에 수출 된다. 그 외 중국 측에서는 여러 가지 약초가 재배되고 있고, 백두산으로 가는 도중에 있는 작은 매점에서는 조선 인삼 등을 팔고 있다. 백두산에는 대폭포나 온천 등이 있기에, 중국정부는 외화 획득을 위한 관광지화를 진행해왔다. 장백입구에서 입장료를 지불한 뒤 들어가면, 승객을 태우고 산 중턱에까지 옮기는 대형 버스가 기다리고 있다. 환승역에는 독일제 사륜구동 자동차가 150대나 대기하고 있다. 이들은 여행객을 싣고 정상까지 구부러진 좁은 콘크리트 도로를 민첩하게 달려 나간다. 여행 안내원 채 씨의 안내에 따르면, 2011년 백두산을 방문한 여객 수는 142만 명, 입장요금은 인민폐로 3억 9천만 위안(약 58억 5천만 엔)에 이른다고 한다. 2012년부터 입장료가 25원 높아져, 차비를 포함하여 1인당 285원이 되었는데, 이는 막대한 국가 수입이라고 할 수 있다.

일본이나 한국으로부터 관광객이 방문할 때는, 교통편이 좋은 중국 측을 통해 주로 입산한다. 한편, 하절기를 중심으로(7~9월 무렵) 북한 측으로부터의 투어도 이뤄진다. 천지는 둘레가 12~14km로 평균 수심은 213m, 제일 깊은 부분은 384m이다. 10월 중순부터 이듬해 6월 중순까지 천지는 얼음으로 뒤덮인다. 천지에서 북쪽으로 흐르는 강이 있는데, 낙차 70m의 대폭포(장백폭포)를 형성한다.

백두산의 기후는 매우 변덕스러우며 흐린 날이 많고, 한겨울이 아니면 맑은 날이 적다. 내가 천지에 도착한 날도 매우 흐렸다.

중국의 강택민 전 주석도 네 차례나 백두산에 올랐지만 한 번도 맑게 갠 천지를 볼 기회가 없었다고 전해진다. 산정의 연평균 기온은 섭씨 영하 8.3도이며, 혹한기에는 영하 48도까지 내려간다.

2. 백두산 신앙과 장백폭포

1) 화산활동: 백두산은 917년에 세계 최대급이라고도 불리는 거대 분화를 일으켰다고 한다.

역사상, 화산활동이 있었다고 전하는 문헌도 있지만, 실제로 분화한 것은 1597년과 1702년이라고 하는 설도 있다.

2) 신앙: 백두산은 주위에 사는 민족들에게 숭배 받았다. 문화·신앙으로서 한반도에서는 『삼국유사』에서 전하는 「조선고기」의 「단군신화」를 국정교과서로 가르쳐왔다. 최초 조선국이 백두산을 거점으로 일어났으며, 그 후 평양에 천도 했다고 많은 사람들이 믿고 있다.

백두산 주변은, 원래 재(濊)·맥(貊)·숙진(肅愼)의 원주민이 거주하고 있었으며,

그들의 성지였다. 그 후 숙진의 후예로 여겨지는 여진(만주족) 역시 영산으로 하고 있었다. 청나라의 역사서 『만주실록』에 의하면, 청나라의 황실 애친각라(愛親覚羅)씨의 조상은 장백산의 호수에서 수영하고 있던 3명의 선녀 중 막내가, 하늘의 신불의 사자라고 하는 동물인 까치가 가져다준 붉은 열매를 먹고 임신해 낳은 사내 아이라고하며, 이 사내아이가 이후 왕으로서 군림했다. 청나라 시대에 백두산은 신성한 산으로 여겨져 봉금지로 정해졌으며 일반인의 출입이 금지되었다.

삼국시대 이후, 조선인이 백두산을 다시 영유하게 된 것은 조선의 세종(1418~1450년) 시대 이후이다. 세종은 압록강·두만강 주변의 요새화를 진행시켰으며 백두산을 조선민족과 북방민족과의 경계로 삼았다. 고려시대에는 백두산을 영유한 적이 한 번도 없었다고 한다.

조선과 청의 관료들은 백두산의 분수계에 국경을 나타내는 정계비를 세웠으나, 양국의 주장이 달라 서로 분쟁하고 있었다. 그러나 1962년에 체결된 북조선·중국 국경 조약에 의해서 천지연상에 북조선·중국 국경선이 놓이게 되는 중국 측의 주장을 북조선이 받아들이는 형태로 이 분쟁은 종결되었다. 이 조약에 의해 천지의 54.5%가 북조선에, 45.5%가 중국령으로 거의 절반으로 분할되었다. 이에 대하여 한국의 미디어나 여론은 비판적이기도 하며, 송화강을 경계로 하자는 주장을 펼치기도 한다.

3) 천지호 : 약 100만 년 전에 생긴 백두산 정상의 칼데라호. 조선의 일출은 천지에서 시작한다고 말해지기도하며, 그것은 세상에서 보기 드문 신비의 경계를 나타낸다. 눈 속에 피는 백색 석남(石南花)과 호수에 사는 곤돌메기(岩魚)가 유명하다. 필자도 산정 부근에서 흰 꽃과 붉은색의 풀꽃을 보았지만, 계절에 따라서는 지면에 붉은 꽃이 일면에 핀다고 한다.

4) 천지의 물 : 천지의 물은 연중 장백폭포를 통하여 흐르고 있고 그 총 유량은 3,866m³나 된다. 수원은 빗물, 지하수 등이며, 그중 지하수가 62%를 차지한다. 해발

조선족의 전통 농경

2,257m인 천지는 전 세계의 화산호수 중에서 가장 높은 곳에 위치한다. 백두봉을 포함한 화구벽 5봉우리가 천지호의 주위를 병풍과 같이 둘러싸고 있다.

여름에는 사슴, 곰 등의 동물이 물을 마시기 위해 모여 든다. 호수의 수온은 10℃ 정도로, 빈영양호수이기 때문에, 식물성 부유 생물·작은 곤충류·수중이끼류는 있지만, 어류나 파충류는 거의 서식하지 않는 것으로 여겨진다. 그 한편으로 예부터 '괴수(怪獸)'의 존재가 회자되기도 한다.

5) 장백폭포 : 천지의 물은 북쪽, 천활봉과 용문 봉우리 사이의 달문으로부터 흘러 1,250m 길이의 승차강(乘槎河)을 거쳐 벼랑에 도달하여, 낙하 68m의 장대한 폭포

를 형성한다. 거대한 굉음과 함께 흰 물보라를 마구 날리며 공중에 일곱 색의 무지
개와 백용이 춤추듯 내려가는 듯한 절경을 이룬다. 나도 험하고 긴 등산로를 숨을
헐떡이며 올랐지만, 낙하하는 흰 폭포에는 많은 관광객과 마찬가지로 깊은 감명을
받았다. 호숫가(湖畔)의 사이와 남쪽 산록의 송화강 상류인 온수평에서는 온천이 솟
는다. 그리고 장백폭포 부근에는 장백온천이 있으며, 설중온천이라고도 부른다. 수
온이 60℃~70℃, 최고 82℃로 15분 만에 계란이 익는다.

3. 민족마을

백두산에서 연길에 돌아가는 도중, 민족마을이 있는 화룡시(和龍市)에 들렀다. 그
곳은 진달래 민족마을이라 불린다.

진달래는 일본에서 철쭉(躑躅)이라 부르고 붉은 꽃을 피운다.

화룡시의 새로운 민족마을은 현재 건설 중이며 토지 면적은 45.8헥타르로, 주위의
낡은 조선족 가옥을 이 민족마을에 모으고자 한다. 입구 간판에는 한글로 다음과 같
이 쓰여 있다.

여기는 조선족 특유의 민족마을이며, 100년의 역사를 가지는 이러한 마을은 연변지구에서도
드물다. 조선의 생활 습관과 문화 전통 등이 비교적 온전하게 보존되고 있다. 국내외의 관광객
에 대하여, 조선족의 문화를 체험할 수 있는 유일한 장소이다.

연변은 '진달래의 고향'이라고 불리며 연변조선족자치주에서는 눈 속에서도 피는
진달래가 조선 문화에서 빠뜨릴 수 없는 존재가 되고 있다. 중국정부의 관광정책의
일환이라고도 할 수 있지만, 참신한 기획이라고 할 수 있다.

2012년 9월 3일에는 '연변조선족자치주 창립 60주년기념식전'을 개최하여, 연변민
족예술관, 연변박물관, 연변체육관등이 새롭게 개관된다.

문헌〉

1) 백두산(Wikipedia · Yahoo, 2012.7).
2) 장백산 넷·백두산 넷(Yahoo, 2012.8).

(2012.8.10.)

9. 중국 조선족의 역사와 민속원
- 중국 조선족민속원 -

2011년 10월 중순, 필자는 연변에 2차 방문하였다. 중국의 조선족 동포에 관한 사료를 구하는 동시에 연길 교외에 있는 새로운 '중국 조선족민속원'을 방문하여 견학할 수 있었다. 이곳은 모아산 국가삼림공원에서 2km 떨어진 곳에 위치하고 있다. 이 부지 내엔 민속촌, 민속광장, 민속상가, 해란강가든 등이 속해있다.

이 장에서는 현재 건설이 진행 중인 '중국 조선족민속원'과 '중국 조선족의 역사'에 대하여 이야기하기로 한다.

1. 중국 조선족민속원

중국 조선족민속원은 일명 '민속촌'이라고도 불린다. 이 민속원은 연변조선족자치주 창립 60주년을 기념하여, 중국정부의 경제 지원을 통해 건설되었다. 이곳은 모아산 국가삼림공원에서 2km 떨어진 곳에 위치하고 있다. 2012년 9월 4일, 이 민속원 개원식이 연길시에서 거행되었다.

이 민속원의 총부지면적은 10만㎡, 건축넓이 1만㎡로 연변주에서 가장 넓은 민족원이다. 민족원에는 입구광장, 공원회장, 휴식지역, 백년가옥 전시구역, 관위형 주택지역, 전통식 봉사구역, 민속문화 기념품점 등이 있다. 민속원은 조선족 이민 150여 년 간의 산물, 문화, 전통, 풍속, 습관을 집중적으로 개발한 장소이다. 민속원 개발 후, 이곳에서는 조선족의 민속풍치, 일상생활이나 문화정수를 전시하여, 한층 더 중국 조선족의 민족문화를 발양하여 전승한다고 한다.

이곳의 민속원은 백두산에 가는 도중의 화룡시에 있는 민속촌 '진달래'보다 몇 배 넓다. 향후 이 민속원은 중국 동북지방의 관광지로서 각광을 받을 것이라고 생각된다.

2. 중국의 조선족

조선족은 중국의 민족식별공작으로부터 유래하는데, 소수민족의 하나로 정의된다.

중국 국적을 소유하는 한편 중국 호적법에 근거하는 호적상의 민족란에 '조선'이라고 등기되는 것이 조선족이라고 보는 조건이다. 따라서 중국에 거주하는 조선 민족으로, 영주권을 소유하고 있어도 중국의 국적을 가지고 있지 않은 사람, 혹은 호적상 민족란에 '조선'이 기재되지 않은 사람은 조선족으로 부르지 않는다.

1) 분포와 현상

중국 조선족의 총수는, 제5차(2000년) 인구조사에 의하면 약 192만 명에 이른다. 제6차(2010년) 인구조사에 관해서는, 개요가 발표되었지만 내역이 발표되어 있지 않기 때문에(2012년 1월 현재) 새로운 집계 데이터를 얻을 수 없었다. 다만, 추계에 의하면, 조선족 인구가 마이너스 성장의 경향에 있기 때문에 2000년의 조사 결과 더 감소했을 것이라는 견해가 우세하다.

조선족의 인구는 재미 한국인에 필적하며, 한반도 이외에서는 최대의 조선 민족 커뮤니티라고 할 수 있다.

중국 국내에서의 분포는 중국 동북부(구 만주)에 집중되어 있고, 그 중 길림성에 약 120만 명이 거주하고, 길림성 남부의 연변조선족자치주(수도 연길시)에 약 80만 명이 집중적으로 거주하고 있다. 연길시에는, 중국어와 조선어로 교육을 실시하는 연변대학도 설립되었다. 이 외에도 흑룡강성에는 약 45만 명, 랴오닝성에 약 25만 명, 내몽고 자치구에 약 2만 명이 거주하고 있으며, 관내(산해관 이내)의 북경, 천진, 청도, 상하이 등의 대도시에도 진출하여 살고 있다. 이러한 동북3성의 수도에는 조선족의 학교나 방송국, 신문사, 출판사 등이 설치되어 조선어의 보급을 도모하고 있다.

대한민국(한국)과 중국의 국교 수립 이래, 한국인과의 접촉이 증가하여 한국에 객지벌이를 하러 가는 조선족도 많다. 한국에서는 중국의 조선족은 재중 동포라고 부르기도 한다. 한국에 유학을 간 조선족도 많아 근면함과 2개 국어를 할 수 있는 것을 큰 장점으로 삼고 있다.

조선족은 주로 한반도에 인접하는 지역에 살고 있으나, 조선민주주의 인민공화국(북한)의 정세 불안, 간도 역시 한국의 영토로 삼자는 일부 한국인의 주장, 한반도의 통일 문제 등 때문에 중국정부에서는 "선독… 조선족이 독립하는 혹은 조선반도에 합체 시킨다"며 문제를 재기하는 등 잠재적인 불안정 요소로 간주하고 있다.

2) 역사

조선 민족은 예부터 만주의 개척·발전에 깊게 관련된 역사를 가지지만, 중국이 정의하는 조선족의 범주는, 어디까지나 민족식별공작의 결과에 의한 것이며, 반드시 조선 민족이 만주에서 활약해 온 긴 역사적 경위를 반영하고 있지 않다. 조선족의 역사는 만주(지금은 중국령)에 발생한 조선 민족의 역사의 일부에 지나지 않지만, 이는 단지 문화적·혈통적인 견지에서 나오는 것만은 아니며, 조선족이 명확한 법적·정치적 정의를 가지는 집단이라는 관점으로 접근해야 한다. 즉 조선족의 역사를 통해 그들을 정의해야 한다.

일본에서 잘 알려진 도요토미 히데요시의 조선 파병 임진왜란 시에 명군을 인솔하여 일본군을 요격한 이여송(李如松), 그 아버지에 해당하는 만주의 실질상 통치자 명조의 양동총병(遼東総兵) 이성량(李成梁)에 대하여 중국 철령시 정부가 이씨 일족을 한반도로부터의 이민이라고 보기도 하는데, 이들은 조선족이나 조선족의 후예라고 보고 있다.

청조 초기에, 많은 조선인(전쟁 포로, 연행된 민간인, 이민)이 만주족의 팔기 조직으로 임명되었기 때문에, 만주족의 성씨 안에 적어도 45개의 조선 성씨가 존재하고 있다. 조선 출신 고급관료·지방 공무원이 청조의 중추(상3기, 내무부 3기)에 집중 배치되는데, 우록(牛錄)(니르, 청조의 군사·행정 공동체 단위)을 지휘 관리하는 조선(고려) 좌령이 다수 있었다. 또, 조선인만으로 조직된 우록이, 정황기 만주기에 2개, 정홍기 만주기에 4개, 합계 6개나 있어, 군사의 수는 수만 명에 달했다고 한다.

1744년에 편찬된『팔기 만주 씨족통보』에 이미 43개의 조선 성씨(씨족)가 기재되어 있다. 청의 초기에 만주족으로 편입된 조선인은, 인재를 배출하는 명문·귀족이 되어, 만주 민족사회의 운영뿐만 아니라, 청나라의 확장에 관련되는 중요한 전쟁에 큰 공적을 남겼다. 특히 양서공략, 몽고 남부 제압, 이자성 격멸, 샨시, 사천, 절강, 복건성의 정벌, 및 대만 정벌(정성공의 해군 격파) 등 훌륭한 전적을 남겨, 만주족의 중국 지배에 공헌했다.

한반도 출신자가 청조의 공식 문헌에 명기되었음에도 불구하고, 이들 조선인의 후예는, 조선 민족의 언어를 잘 사용할 수 없다는 이유로, 대부분이 만주족이나 한족으로 식별·인정되었다. 그러나 만주족에서 조선족으로, 또는 한족에서 조선족으로 족적을 고치는 케이스도 있다.

신라시대에 거슬러 올라가는 박이라는 성을 가지는 통칭 '박씨 조선족'은, 명 말기(청 초기)의 포로나 납치 피해자이며, 청나라에 계속 살아 왔다. 청조 때는 만주족, 중화민국 때는 한족이라고 칭해졌지만, 50년대에 족적 개정을 신청한 후, 중국의 민족식별공작에 의해, 1982년에 겨우 조선족으로서 인정되었다. 강한 민족의식이나 농경문화, 민족의 정과 내향적 흡인력, 역경으로부터 생성된 저항심리 등이 민족을 지켰다고 분석된다.

중국정부에 정식으로 인정된 조선족에 한해서도, 조선족의 역사는 명나라 말 청초에 거슬러 올라가, 적어도 400년이라는 상한 기준이 성립되는데, 이는 결코 '청조 말기부터 100년 남짓'과 같이 짧은 것이 아니었다.

만주에 거주하는 조선인을 중국의 하나의 소수민족이라고 본 최초의 공식 문헌은, 1928년 중국 공산당 제6회 전국 대표 대회에 가결된 의안 「민족 문제에 관한 결의」이다. 결의안에서는 소수민족을 '북부지몽고, 회족, 만주지고려인'의 순서로 정의하고 있다.

청대 초기에 만주인이 중국을 정복하면서 그들은 대거 중국 본토로 이주하였고, 또 청조는 만주를 조상의 땅으로 한족의 이민을 금지했으므로, 청대를 통해서 만주는 인구 희박 지대가 되었다. 한편, 이 시기 조선에서는 농촌이 피폐하여 도산하는 농민이 많았고, 궁핍한 농민이 점차 두만강(중국에서는 도문강)을 넘고 만주에 비집고 들어가 화전을 일굼과 동시에, 야생 조선인삼 채집 등에 종사했다. 그 수는 시대가 지남에 따라 증가하여, 청조와 조선의 국경 분쟁도 발생했다. 조선에서는 두만강을 넘은 조선인 거주지를 간도(間島)라고 불러, 압록강을 넘은 조선인 거주지를 서간도(西間島)라고 불렀다. 청령에의 조선인 유입은 특히 1860년대에 한반도 북부에서 일어난 대흉작과 1885년의 만주에의 이민 금지의 철폐를 계기로, 폭발적으로 증가했다.

(2012.11.8.)

10. 중국 조선족의 역사와 현상
- 모아산 국가삼림공원 -

모아산은 이름처럼 아이의 모자를 닮은 산이다. 2차세계대전 이전, 일본사람들은 일반적으로 모자산이라고 불렀다고 한다. 해발 510m인 모아산은 연길시의 랜드마크인데 넓이는 1,500헥타르 이상이며, 삼림 피복률은 76%이다. 산 위에는 각종 소나무, 느릅나무, 버드나무 등 각종 관목이 우거져 꿩이나 산토끼 등의 야생 동물이 서식하며 이 외에도 각종 버섯들이 자란다. 모아산에는 조선족의 민가를 재현한 민족풍치원이 있다. 여기에선 연변의 풍치를 느낄 수 있었다. 원내에서는 마상 서커스를 즐길 수 있으며, 각종 오락 이벤트가 많았다. 중국의 경축일에 정장을 입은 조선족이 여기에 모이는데, 그 분위기가 매우 떠들썩하다고 한다.

지난 2~3년간, 중국정부가 8,000만 위안을 투자하여, 새로운 조선족민속촌과 식물원을 지었다. 경축일에는 7만 명 정도의 관광객이 방문한다고 한다. 이전엔 삼림공원에도 민속촌이 있었으나, 북쪽에 새로 생겨 지금은 문을 닫았다. 필자는 삼림공원의 입구에서 모아산 정상에 있는 정자, 범의 비석, 기상레이더와 관광용 타워 그리고 멀리 해란강까지 볼 수 있었다.

장백산 관광의 지속적인 발전과 연길을 중심으로 한 동북아시아 경제가 발전함에 따라 연변에 와서 관광·무역을 하는 사람들이 증가하고 있다. 그리고 이것은 도심 관광객 증가에 기여할 것으로 생각된다.

중국 조선족의 역사와 현상

1) 근대 역사

근대에 이르러, 일본의 통치하에 놓이면서 일제의 강압을 버티지 못한 조선 농민들이 다수 만주로 이주하였다. 1932년 일본이 만주국을 세우면서, 일본의 이민 정책과 아울러 신천지를 바라면서 만주국으로 이동한 조선인이 재차 증가하였다. 이때는 간도 지구뿐만 아니라, 만주 전역에 조선인이 널리 퍼져갔다.

만주국의 조선인 인구는 일설에 의하면 300만 명이라고도 말해지지만, 만주제국 국무원 총무청 통계처 '현 주호구 통계' 등의 공식 자료를 인용한 '만주국 인구통계의 추계', '각 연도 민족별 인구'를 참조하자면, 1942년에 만주에 있던 조선인의 인구는 약 160만이라고 추정해볼 수 있다.

만주국이 멸망하고 조선이 독립한 후, 한국전쟁이 발발하여 민생은 피폐해져 약 100만 명이 중국 국내에 잔류하였는데, 이것이 오늘의 조선족의 기원 중 하나라고 할 수 있다. 또한 많은 조선족이 일본 통치하에서 중국으로 이주한 점 역시 또 다른 기원이라고 할 수 있다. 중화인민공화국이 성립되면서, 중국 공산당은 1952년, 민족 구역 자치 실시 요강을 발표하여, 55의 국내 소수민족에 자치권을 부여했다. 이를 기초로 길림성 남부에 연변조선족자치구가 탄생하고, 1955년에는 연변조선족자치주로 개명되어 자치주의 주장에는 조선족이 취임하고 있다. 수도·연길에는, 조선족을 위한 고등교육기관인 연변대학도 설치되었다.

2) 조선족의 출신지

20세기 초에는 조선인은 만주 지역에 대략 10만 명 정도가 거주하였다고 추정된다. 일본이 조선을 병합하고, 만주를 세력하에 두고, 5족협화를 추진하였던 20세기의 초기, 조선 총독부의 정책에 의해 한반도 북부지역인 함경도·평안도의 조선인들은 현재의 중국 길림성으로 보내졌고, 남동부 지역인 경상도의 조선인들은 흑룡강성에, 남서부 지역인 전라도의 조선인을 요령성으로 보내졌다. 각 지역에서 약 20만 명씩, 총합 60만 명의 조선인이 이주했다고 한다. 재만주 조선인의 대부분은 논을 새로 일구어 벼농사에 종사했으나, 제철소·탄광 등에서 일하는 사람들도 역시 존재하였다.

조선의 독립과 함께 많은 사람이 귀국했지만, 만주에 잔류한 사람도 많아, 그 자손이 현재의 중국 동북부의 조선족의 주체가 되고 있다. 현재도 조선족이 많이 사는 흑룡강성의 하얼빈시, 치치할시, 잡스시, 길림성 연변조선족자치주, 길림시, 요령성의 심양시, 안산시 등 각지에 조선족의 조선어 방언(중국 조선어)이나 식습관, 일상 습관은 위에서 말한 한반도의 출신지의 방언·습관과 유사한데 이는 그 출신지를 반영한다고 할 수 있다.

3) 조선족의 교육

조선족의 교육 수준은 중국의 평균보다 높고, 한족을 포함한 인구 100만 명 이상의 각 민족 중 으뜸이다. 조선족은 거주지나 가족 환경에 의해서 주로 사용하는 언어가 다르지만, 기본적으로는 중국어·조선어(한국어) 양쪽 모두를 배우고 있다.

또 일본어가 한국어와 일정한 유사성이 있기 때문에 일본 문화에 친근감을 갖고 중·고등학교에서도 영어보다 일본어를 배우는 조선족이 적지 않다. 노력하면 비교적 용이하게 3개 국어(한·중·일)를 사용할 수 있다. 그러므로 조선족은 동북아시아에서 활동할 수 있는 영역이 넓다. 예를 들면, 어학능력을 살려 한국·일본에 유학하거나, 한국·일본 기업에 취직하기도 한다.

4) 한국인 사회와 비교

같은 조선 민족이지만, 조선족과 한국인은 사상이 다르다. 조선족 김문학(金文学)

은 저서 『한국민에게 고함』에 한국인과 조선족의 차이와 한국의 풍조에 대한 거부
감을 저술하였다. 예를 들면 한국인은 단일민족 의식과 순혈주의 의식이 강하지만,
조선족은 다민족 사회에서 자란 영향으로, 타민족과의 공존을 중시하여, 한족과의
관계가 양호하다는 등의 차이가 있다.

한국의 지역 대립에 의한 차별은 뿌리 깊은데, 취직에까지 영향을 주지만, 조선족
은 중국사회에서 차별 의식을 갖지 않는다. 한국인·한국계 미국인은 자국이 근대
화됨에 따라, 해외에서 경제적 우월감에 도취되어 개발도상국가를 업신여기는 경향
이 있는데 반하여, 조선족은 개발도상국에서 자랐기 때문인지 경제적 우월감은 가
지지 않고, 이러한 차이 때문에 한국인과 조선족 사이에서 종종 마찰이 일어나기도
한다.

(2012.11.4.)

11. 소련 고려인의 강제이주와 현황
- 정판용 교수의 보고 -

이 장은 정판용 교수의 저서 『정판용, 세계를 간다』(한글판) 중에서 소련을 방문했을 때의 기행문을 중심으로 정리한 것으로, 정교수의 상세한 자료 수집과 민족사랑에 많은 감명을 받았다. 또 최근의 소련 고려인의 동향에 대해서 필자 나름대로 두세 번의 문헌적 고찰을 실시하여 수록했다.

1. 러시아의 한인 이민사

러시아의 한인 이민사는 1863년 두만강 너머 함경북도에 13가구의 조선농민이 살았다는 기록이 처음이다.(정판용 문헌)

1) 강제 이주의 경위

1930년대 일본이 아시아대륙에 대한 침략으로, 소일 관계는 급격히 악화되었다.

소련정부의 일부 사람들은 전략적으로 민감한 국경지대에 거주하는 조선인들이 일본인과 용모가 비슷하여 스파이 활동을 하지 않을까 하는 터무니없는 우려를 갖게 되었고 또 일본과 여러 가지 사회관계에 있는 조선인들을 믿기 힘들다고 생각했다.

그리고 일본이 재소 조선인을 보호한다는 명분하에 소련을 침략할 가능성도 있다는 것이다.

전쟁시기 조선인 빨치산 영웅들은 간첩, 인민의 적이란 누명을 쓰고 처형당했으며, 심지어 일본인과 접촉이 있는 사람들은 모두 일본간첩으로 몰아 총살당했다. 이주시기, 연해주에서 총살당한 조선인수는 3천 명에서 5천 명에 이르렀다고 말해진다.

블라디보스토크 조선인 사범대학에서 교편을 잡고 있던 교원들도 대다수가 이 시기에 억울하게 누명을 쓰고 체포되어 처형되었다. 작가 조명희도 1935년경에 여기서 체포되어 하바롭스크의 감옥에 갇혀 있다가 1942년에 거기서 총살당했다고 한다. 현재 타슈켄트에서 살고 있는 자녀들이 하바롭스크에 가서 아버지의 사형 결정서 원본을 찾았다고 한다.

1937년 9월, 소련 공산당 중앙위원회에서는 극동 국경 지대 조선인들을 중앙아시아 지구에 집단 이동시킬 것을 결정했다.

1937년 10월, 연해주와 블라디보스토크, 하바롭스크 지역에 거주하던 조선인 36,422호, 17만 1,781명이 모두 중앙아시아로 강제이주를 당했다.

당시의 내무부장의 보고서는 이렇게 쓰고 있다.

1937년 10월 25일, 원동 지방의 조선인 이주는 전부 끝났다. 36,422호, 17만 1,781명의 조선인들을 127대의 수송열차에 실어 모두 이주시켰다. 캄차카와 오호츠크 지방에 남아 있는 700명의 조선인도, 근년 11월 1일 전으로 모두 이주하게 될 것이다. 16,272호, 7만 6,525명은 우즈베키스탄공화국으로, 20,170호의 9만 5,256명은 카자흐스탄공화국으로 분산시켜 이주하였다.

이주는 완전히 내무부 경찰의 엄격한 감시하에 강제적으로 진행되었다. 강제이주는 9월 중순부터 시작되었기에, 그해 지은 곡식도 다 거둬들이지도 못하고 떠났다.

중앙아시아로 이주한다는 소리를 들은 날은 떠나는 날로부터 불과 3~4일에 지나지 않았으며 강제이주이다 보니 수십 년 간 가꾸어온 논밭은 물론 모든 주택, 가축, 그리고 살림살이도 그대로 두고 간다는 것이었다.

강제이주민들은 경찰들의 감시하에 죄수들처럼 제각기 가족 단위로 화물칸에 올랐다.

3만 6천 호의 인원이 124개의 수용열차에 실려 갔다고 하니, 열차 한 줄에 300호가 탑승한 셈이다. 1대의 화물칸에 적어도 40~50명의 사람이 짐과 함께 탑승했다.

그 때의 사람들의 회고에 의하면, "가장 곤란한 것은 차내에 화장실의 없었다는 것이었다. 특히 아이들이나 노인들이 큰일이었다"고 한다.

이주 기간 중에, 죽은 사람도 많았다고 한다. 근 40일간 수십 명이, 더러워진 화물칸에 앉아 있으니 병이 들고 사고도 많았다고 한다. 몇 천 명의 사람들이 열차 안에서 사망했고 열차가 정차할 때마다 시체를 묻고 떠났다는 것이다.

조선인의 이주지는 대부분이 카자흐스탄과 우즈베키스탄의 초원지대였다. 그리고 이주민들을 분산시켰다. 조선인에게는 '적성민족'이라는 비밀딱지를 붙여 놓고 공민권을 주지 않았다. 공민권이 없는 사람은 거주지 이동과 왕래의 자유가 없고, 군대에도 갈 수 없었다. 소련정부에서 내부적으로 적성민족으로 정한 민족으로는 독일, 터키, 발칸 등 11개 민족이 포함되어 있었다. 이러한 소수민족은 1939년부터 스탈린이 서거한 1953년까지 줄곧 공개적인 민족적 차별을 받아왔다. 1956년 소련 공산당 20차 당대회가 열린 후 정식으로 '적성민족'의 오명을 벗고, 자유로운 소련공민이 될 수 있었다고 한다.

이주민들이 목적지에 도착하자 우선 집이 없어 중앙아시아 한파 속에서 며칠씩 노숙하면서 임시로 가건물을 세웠으며 또 경작지가 없어, 초원과 습지에서 황무지를 개간해야 했다.

이 엄청난 곤란을 극복하고, 조선이주민들은 3년 만에 관개 수로를 개설하고, 벼농사를 짓는 데 성공했다.

2) 민족학교의 시련

강제이주 이후, 다시 발전하던 소련 고려인들의 민족교육과 민족문화 사업은 공개적인 민족 말살정책에 의해 다시 파괴되었다. 교육열이 강한 조선민족은 중앙아시아로 강제이주 당한 열악한 처지에 있으면서도 우선 학교를 먼저 세웠다. 강제 이주 이후 다음 해부터 중앙아시아 지역에 조선인 민족학교가 다시 나타나기 시작했다. 1938년, 우즈베키스탄에만 조선인학교가 50개소, 초등 7년제 학교가 32개소, 그 중 10년제 학교가 14개소이고 조선인 학생수는 약 2만 명에 달했다고 한다.

그러나 이 시기 소련내무성은 "일부 자산계급 민족주의자들이 민족학교를 발전시킨다는 명분하에 소수민족 아동들에게 자산계급 민족주의사상을 주입시키고 있다"고 했다. 이리하여 민족학교를 적극적으로 세운 사람과 세워야 한다고 주장한 사람들을 모두 자산계급 민족주의자 '인민의 공중의 적'이라 하여 일부는 무참히 총살당하였다. 이런 상황에 조선인이주민들은 부득불 민족학교들을 모두 러시아 학교로 고쳤다.

이리하여 중앙아시아 각지에 새로 일어났던 조선인학교들은 1939년을 전후로 하여 모두 문을 닫고 말았다. 1931년에 창설된 조선인사범대학도 이때에 없어졌다.

강제이주시기 조선인사범대학 학생들은 집단적으로 카자흐스탄, 오르따라라는 사막도시로 옮겨 왔다고 한다. 그들은 러시아인 사범대학에 가도록 명령을 받았다. 조선어문학부 학생들은 넘어갈 학부가 없어, 해산되었으며 조선어 서적은 모두 불태워져 버렸다.

한때 불길처럼 일어났던 재소 조선인 민족교육은 이렇게 소리 없이 사라지고 말았다. 극동에서 발행되고 있던 조선어문잡지, 신문들도 중앙아시아로 옮겨 온 뒤 모두 없어지고 말았다.

민족교육이 소실되고 민족문화가 쇠퇴하니, 조선인 제3세, 제4세들은 모국어를 완전히 잃어버리게 되었으며 1, 2세들도 점차 모국어가 서툴게 되었다.

더욱이 1950년대 말부터 조선인들의 생활 기반이 점점 튼튼해지자 그들은 자녀 교육을 위해 도시에 진출하기 시작했다. 1959년 말에는 70%의 중앙아시아 조선인들이 농촌에 살고 있었으나, 1970년에는 60%가 도시에 살게 되었다.

도시로의 진출은 그들로 하여금 러시아문화로의 동화를 더욱 촉진시켰다. 민족문화교육의 빛을 보지 못하는 환경에서 그들은 점차 민족언어뿐만 아니라, 민족의 역사, 문화, 전통까지도 잃어버리는 지경이 되었다. 심지어 이름과 성까지도 점차 러시아식으로 고치게 되었다.

그러나 1980년대부터 소련에서 일어난 민주화운동은 70년의 혁명역사를 갖고 있는 소련(소비에트 연방)을 붕괴시켰다. 소련에 있었던 15개 공화국들은 제각기 독립을 선포했으며 러시아 민족의 '지배'에서 벗어나려는 움직임이 나타나기 시작했다. 이런 정세하에서 소련의 고려인은 어디로 갈 것이며 어떤 미래가 그들을 기다리고 있는가 하는 문제가 제기된 것이다.

1937년 강제이주 이전처럼 연해주 지방에 남아 있었더라면, 타민족처럼 민족 자치구역을 선포할 수 있었겠지만, 50만 명도 되지 않은 인구가 지금은 동쪽의 사할린에서 서쪽의 우크라이나에 이르기까지 흩어져 있으니 민족 자치구역을 세운다는 것은 전혀 불가능한 일이었다.

3) 향후의 문제

중앙아시아 공화국들이 각각 독립을 선포하면서, 조선인의 러시아화는 모두 쓸데없는 것이 되었다. 여태 하나의 소련 고려인으로 불리던 조선인들이 오늘은, 우즈베키스탄 고려인, 카자흐스탄 고려인, 러시아 고려인 등으로 불려야만 했다. 이제부터는 제각기 살고 있는 나라와 민족에 적응해야 했다. 말도 그 나라말을 배워야 하고 법도 그 나라의 법을 지켜야 한다.

정교수는 다음과 같은 소견을 말하고 있다.

이렇게 되니 그들은 조선사람 형태에다, 러시아말을 하는 중앙아시아 사람이 되고 말았다는 것이다. 이런 상황에서, 이미 잃어 버렸거나 잃어버리고 있는 우리 민족의 말과 전통을 다시 회복하려면 도대체 어떻게 해야 하는가? 제각기 뿔뿔이 흩어져 살고 있는 우리 동포들의 운명은 어떻게 될 것인가? 그들은 그 나라, 그 민족의 생활에 적응하기 위해 또 다시 새로운 말과 문화를 배워야 하는가? 이런 과정에서 우리 민족의 특성은 어떻게 보존해야 하는가? 이처럼 소련 고려인들 앞에 제기된 문제들은 많고도 많았다.

이 항목을 시작하여 다른 소련 각지의 방문 기행의 문장들 속에는 정판용 선생님의 뜨거운 민족에 대한 마음의 담겨 있는 것 같다.

2. 소련붕괴 이후의 고려인

1) 러시아

2002년의 인구조사에 의하면 148,556명의 고려인이 러시아에 거주하고 있고, 그 중에 25%는 시베리아와 극동러시아에 거주하고 있다.

2) 우크라이나

2001년의 인구조사에서는 고려인을 자칭하는 사람이 12,711명 존재하고 있다는 결과가 나왔지만, 1989년부터 크게 증가하고 있다. 우크라이나에서 제일 규모가 큰 고려인 커뮤니티는 하르키우에 있어, 약 150명의 고려인 가족이 거주하고 있다. 최초의 한국어 학교가 1996년에 개교했다.

3) 중앙아시아

소련 붕괴 후, 50년에 걸쳐 생활 기반이 중앙아시아에 완전히 정착해 버린 고려인의 상당수는 그대로 중앙아시아에 계속 살고 있지만, 중앙아시아 여러 나라들은 민족적 성향이 강하여 러시아로 유출하는 경향이 있다.

유일한 조선어 신문인『고려일보』가 카자흐스탄공화국의 아르마트시에 있고 조선어 극장도 운영되고 있다.

3. 한반도로 귀환한 고려인

제2차 세계대전 후에, 소규모였으나 고려인의 한반도 귀환이 있었다. 1946~1948년에는 북한으로 귀환한 지도자나 일반인이 있었다. 그들은 종전 후 북한의 경제나 조선인민군의 창설에 공헌했지만, 거의 전원이 숙청 되었다.

최근에는 대규모 한국에의 노동이주가 전개되고 있다. 2005년 현재, 10,000명의 우즈베키스탄인이 한국에서 노동에 종사하고 있으며, 그 대부분이 고려인이다. 한국에서 우즈베키스탄으로 송금하는 금액은 매년 1억 달러를 넘는다고 추측되고 있다.

4. 언어 상황

스탈린 시대, 고려인은 공식 장소에서 조선어를 사용하는 것이 금지되어 학교의 수업도 모두 러시아어로 행해졌다.

페레스트로이카와 글라스노스트(glasnost)의 정책과 함께 단기간 조선민족 부흥운동이 전개되었다. 고려인의 지식층에서는 연해주로의 귀환운동도 일어났으나, 실제로 연해주에 재이동한 것은 수천 명에 지나지 않았다.

그들은 자주적으로 조선어교육을 전개해 조선어 신문을 발행하는 등, 민족으로서의 의식 향상을 도모했지만, 청년세대의 조선어 사용은 여전히 떨어지고 있다. 거기에다 타민족과의 결혼도 증가하고 고려인의 공동체의식도 점차 어려운 상황에 놓여 있다.

전쟁 후에 태어난 고려인은 소비에트 사회주의 연방공화국에서 자란 영향으로 이민족과의 교류를 활발히 하게 되어 한국·조선인이 단일민족국가 의식이 강한 것과는 정반대이다. 이 점에서 재일 한국·조선인도 유사한 문제를 가지고 있다.

5. 한국으로부터의 지원

근년, 한국 경제계의 러시아연방에의 진출로 '키르기스스탄 교포 처음, 하나의 마음 대회'가 2007년 3월 31일, 키르기스스탄 국립오페라하우스에서 열렸다.

우크라이나에는 1992년 한국과 수교 이후, 처음으로 키예프에 공식 한글학교가 개설되었다.

이것들은 현지의 주재 한국대사관, 한국교육원, 한국인회, 한국인 경제 연합회, 유학생회 등의 후원에 의해서 실현되고 있다. 본국으로부터 지속적인 지원과 경제 원조가 없으면, 소련 고려인사회의 민족교육은 지속되기 어려울 것이라고 생각된다.

(2012.11.13.)

12. 정판용: 중국 연변대학 교수
- 그 경력과 센다이 기행 -

정판용은 중국 조선족자치주 연변의 교육자, 언어학자, 작가, 연변대학 부총장, 민족 옹호자로서 많은 실적을 남겨 연변지식인의 'God Father'라는 칭호를 얻고 있다. 특히 정판용 선생님에 주목해야 할 것은, 중국 국적이면서 조선 민족을 각별히 사랑해 국제회의 등으로 세계 각국을 순례하는 경우, 반드시 각지의 동포들을 방문해서 그 귀중한 체험을 탁월한 표현력으로 써서 남긴다는 것이다.

본고에서는 정 선생님의 경력과 『정판용, 세계를 간다』 안에 수록되어 있는 「일본 방문」, 「센다이 방문」을 해설하면서, 후반부에는 「세계 안의 우리 민족」을 간단하게 소개하겠다. 필자는 2012년 10월, 연변 2차 방문 때, 연변대학 교정 내에 있는 '정판용문학비'를 찾아가, 사진 촬영을 할 수 있었다.

1. 정판용의 연보

1931년 10월, 전라남도 담양군에서 죽세공 아버지 슬하의 3남으로 태어났다. 1938년, 중국 랴오닝성으로 이주하고 1950년 연변대학 이공학부에서 조선어 문학부로 전입학 한다. 1952년 10월, 연변대학을 졸업하고, 1960년 2월 모스크바대학에서 소련문학 학위를 취득한다. 1980년 7월부터 1992년 8월까지 연변대학 부총장으로 재직한다. 1982년 1월, 15일간 도쿄, 센다이 등을 방문한다. 1986년 11월 쓰쿠바대학의 초청으로 1개월간 일본을 방문, 교토, 오사카, 나라를 여행한다. 1989년 11월, 연변대학 조선·한국 연구소를 설립해 주임이 된다. 1997년 3월, 한국 KBS 교포 학술상을 수상하였으며, 1997년 10월, 교포상 10만 위안을 쾌척하여 '정판용교육 발전 기금회'를 설립해, 6명의 학생에게 제1차 장학금을 수여하였다. 2001년 10월, 폐암으로 서거한다. 향년 70세였다. 2004년 10월 7일, 연변대학교 뜰에 '정판용문학비'가 건립되었으며, 2011년 10월 2일, 200여 명이 참가한 '정판용 탄생 80주년 기념 좌담회'가 연변대학에서 열렸다.

정 선생님은 호방한 성격의 소유자였다고 한다. 연변대학에서 가르쳤던 적이 있어, 정 선생님과 친교가 있던 와세다대학의 오오무라 명예교수가 연변대학병원에 입원 중인 정 선생님을 문병하러 갔을 때, 정 선생님은 두 눈에 눈물을 흘리면서 울고 있었다고 전해진다.

이 최후의 눈물을 어떻게 해석하면 좋을까. 필자의 억측으로는 중국 연변주의 조선족에 대한 조선어를 시작으로 하는 민족 교육의 성과가 나오기까지는 아직 시간이 부족하다는 생각에서 비롯된 눈물은 아니었을까. 정 선생님은 보기 드문 민족 옹호자의 한 사람이라고 말할 수 있다.

저서로는 『외국 문학 강좌』, 『고향 떠나 50년』, 『세계 속의 우리 민족』, 『정판용 문집(1, 2권)』, 『정판용, 세계를 간다』 등 다수가 있다.

정판용 - 중국연변지식인의 God Father

1931년 10월	전라남도 담양군 담양면 향교리에서 죽세공인 아버지 아래에서 삼남으로 태어난다.
1938년	중국 랴오닝성반산현 영흥촌에 이주.
1939년 3월	용강성 성주하현(지금의 산지시) 여름 하동촌으로 이주, 4월 하동초등학교 입학.
1946년 3월	쑹장성 조선중학교 입학.
1949년 3월	연변대학교 이공학부 입학.
1950년 4월	연변대학교 조선어 문학부에 전입.
1952년 10월	연변대학 조선어문학부 졸업.

1954년 9월	소련 유학 대학원생에 선발되어 북경에 간다.
1955년 9월	소련 모스크바대학 소련문학 강좌 대학원생이 된다.
1959년 11월	중국 유학생 왕유와 결혼.
1960년 2월	모스크바대학에서 소련문학 학위 취득.
1960년 5월	연변대학에 돌아가, 조선어문 서기 겸 부학부장이 된다.
1980년 7월~ 1992년 8월	연변대학부 총장.
1981년 9월	스톡홀름 대학의 초청으로 부인 왕유와 함께 스웨덴 방문.
1981년 11월~12월	덴마크, 영국, 핀란드 방문.
1982년 1월	15일간 도쿄, 센다이 등을 방문.
1986년 11월	일본 쓰쿠바대학 초청으로 1개월간 일본을 방문. 도쿄, 오사카, 나라 등을 방문.
1989년 11월	연변대학 조선·한국연구소를 창립, 주임이 된다.
1992년 8월	연변대학부총장직을 퇴임.
1993년 1월	'지린성 영재 훈장'을 수상.
1994년 4월~	「세계 속의 우리 민족」을 『연변일보』에 연재.
1997년 3월	한국 KBS 교포 학술상 수상.
1997년 10월	교포상 10만 위안을 쾌척, '정판용교육 발전 기금회'를 설립. 6명의 학생에게 제1차 장학금을 수여.
2001년 10월	간암으로 타계, 향년 70세.
2004년 10월 7일	연변대학교 교정에 '정판용문학비' 건립됨.
2008년 5월	『정판용, 세계를 간다』 연변인민 출판사에서 간행.
2011년 10월 2일	'정판용 80주년 기념 좌담회' 연변대학에서 열린다. 200여 명이 참가.
생전	중국 작가협회 회원, 조선어 문학박사 학생사, 연변대학 조선·한국학 연구중심 주임, 중국조선문학연구회 이사장 등 역임, 호방한 성격
저서	『외국 문학 강좌』, 『고향 떠나 50년』, 『세계 속의 우리 민족』, 『정판용 문집(1, 2권)』 외 다수

2. 센다이 방문과 마쓰시마 유람

정판용 선생은, 1982년 1월부터 15일간 도쿄, 센다이 등을 방문했다. 서일본 기행 안에 센다이에 관한 기행문이 4항목 있는데, 그중에 「센다이 방문」과 「마쓰시마 유람기」의 중요 부분만을 취해 해설하기로 한다. 이하는 정판용 교수의 기행문이다.

1) 센다이 방문

1982년 1월 중순, 정판용 일행은 도쿄의 국제회의에 출석해, 그 회장에서 도호쿠 대학 일본문화연구소의 이노우에 히데오 교수와 나카무라 마쓰 교수로부터 센다이에 한 번 놀러 오시라는 권유를 받았다. 도호쿠대학은 일본의 6대 중심 대학의 하나로, 특히 동양학 연구부문에서는 유명한 대학이다. 일본문화연구소는 도호쿠대 학문 학부에 소속하는 연구소이며, 일본 문화와 세계 문화를 비교 연구하는 곳이다. 연구소장 이노우에 히데오 교수는 조선 고대사에 조예가 깊은 학자이다. 중국에도 몇 차례 방문을 했고 1980년도에는 지린성 창춘에와 학술 시찰을 하고 돌아갔다. 나카무라 마쓰 교수는 조선어를 전공하여 조선어 연구에서는 일본에서 굴지의 전문가이다. 이 두 명의 교수는 일찍부터 중국 연변대학과의 학술 교류를 희망하여 우리가 스웨덴으로 출발하기 전부터 몇 차례, 자신들의 의향을 전해

노신비 앞에서 정 교수 부부

왔다. 우리가 국제회의 기간 동안 도쿄에 체재하고 있었을 때, 두 명의 교수는 일부러 도쿄까지 와서 나에게 센다이에 오도록 다시 요청을 하였다. 거기서 우리는 1월 23일, 센다이행 급행열차 '종달새 6호'에 올라 센다이로 출발했다.

열차는 정각 4시에 센다이역에 도착했지만, 이노우에 교실의 연구생 신정혜 씨와 그 남편 오세용 씨가 차로 마중 나와 있었다. 오세용 씨는 당시 『조선신보』 미야기현 지국에서 일하고 있었고 신정혜 씨는 도호쿠대학에서 조선 고대사를 연구하고 있었다. 오세용ㆍ신정혜 부부는 "중국에서 온 조선 사람과 센다이에서 만날 수 있어 매우 기쁩니다", "우리는 꽤 일찍부터 여러분을 기다리고 있었습니다"라고 이야기했다. 우리는 센다이역에서 도호쿠대학으로 향해 이노우에 교수가 연구하고 있는 도호쿠대학의 일본문화연구소에 들러 여러 선생님들을 만났고, 저녁에는 오세용 선생님의 집에 초대받아 센다이의 재일동포 여럿과 함께 잘 차려진 식사를 즐겁게 맛볼 수 있었다.

2) 마쓰시마 유람

오전 11시경, 오 선생님 부부와 함께 일본 삼경안의 하나인 마쓰시마로 향했다.

마쓰시마는 일본 삼경의 하나로, 예부터 유명한 명승지이다. 일본 삼경은 에도시대부터 경치가 가장 아름답다고 인정된 '마쓰시마', '아마노하시다테', '이즈시마' 세 곳의 명승지를 가리킨다. 옛날, 일본에서 산천 풍경을 전문적으로 노래한 시인이 있었다. 그는 우연한 기회에 센다이에서 가까운 마쓰시마에 가서 그 기묘한 자연 풍경을 보고 시를 쓰려고 했지만 그 풍경이 너무 아름다웠던 나머지, "마쓰시마야, 마쓰시마야, 마쓰시마야!"라는 감탄의 말 외에 아무것도 할 수 없었다고 전해진다. 이 이야기에 어느 정도 진실성이 있는지 우리는 판단하기 어렵지만, 마쓰시마가 일본에서는 중국의 계림, 조선의 금강산과 같이 아름다운 경승지의 하나로서 인정되고 있는 것은 사실인 것 같다.

시골풍 휴식 식당에서 특색 있는 점심 식사를 끝내고, 우리는 9세기에 지어졌다고 하는 사원, 서엄사와 원통원을 찾아갔다. 서엄사는 기원 828년에 지어져 동북지방에서는 가장 큰 사원의 하나로 꼽히고 있다. 그 후, 임진·정유 연간(1589~1615년) 당시 동북지방을 통치하고 있던 다테 마사무네가 마쓰시마에 5대당을 창건하면서 서엄사를 지금의 규모로 확대했다고 한다.

서엄사 정원에는 와용매라고 하는 고목이 있었는데, 이 매화의 수령은 400년 이상이라고 한다. 필자의 조사에 의하면, 현재의 매화는 접목된 2대째의 것이다. 이 고목은 다테 마사무네가 조선에서 가지고 돌아가 심은 매화로 알려져 있다.

정 선생님의 본문에서는 다테 마사무네의 조부 우에마사가 조선으로부터 매화 나무를 기념으로 가지고 돌아가 이 절에 심었다고 알려져 있지만, 이 기사는 잘못된 것 같다.

서엄사 옆에 있는 원통원은 다테 마사무네의 손자가 쇼호4년에 세운 것이라고 한다. 서엄사에 비해 큰 절은 아니지만, 이 사원에는 장미꽃이 많아, 이것은 다테 마사무네의 가신 하세쿠라 쓰네나가가 이탈리아에 갔을 때, 그곳의 장미 씨앗을 가지고 돌아와 이 절에 심고 오늘까지 전해졌다는 설명을 들었다.

3. 『세계 안의 우리 민족』

이 책은 정 선생님이 일본, 미국, 그리고 구소련에 사는 조선 민족을 방문해『연변일보』에 1994년부터 1995년에 걸쳐 연재한 것으로, 총 51장으로 나누어 기술되고 있다.

조선 민족의 현상을 중국 동북지방뿐만 아니라, 구소련·일본·미국 그 외에 나누고, 역사적으로 그리고 공시적으로 현상을 알기 쉽게 해설하고 있다. 일본에 관한 글로는 「일본에 사는 우리 민족, 재일 조선인의 민족 교육, 재일 조선인의 경제생활, 조총련과 민단, 귀화와 동화」 등 10편이 있다.

문헌〉

정판용 저, 연변대학 조선·한국 연구소 편, 『정판용, 세계를 간다』(한글판), 연변인민출판사, 2007.

(2012.11.6.)

13. 정판용 교수와 노신
- 센다이 방문과 노신비 -

　1982년 2월, 연변대학의 정판용 교수가 센다이를 방문하여, 염원이었던 센다이시 박물관 부지 내에 있는 '노신 기념비'를 견학했다. 그의 저서에는 센다이 방문기 속에 '노신과 센다이'라고 하는 항목이 있어, 일본에서는 아직 알려지지 않은 노신에 관한 중국 기사가 있었다. 일본의 노신론과 아울러 해설을 하고자 한다.

1. 노신(魯迅)과 센다이(仙台)

　센다이는 중국의 위대한 문학자 노신이 배운 곳이며, 노신에 의하여 중국 인민에게 널리 알려진 도시이다. 도호쿠대 학문 학부의 이노우에 히데오 교수는 도쿄에서 우리 일행을 센다이에 초청하면서 다음과 같이 이야기했다.

　우리 센다이에 한 번 놀러와 주세요. 센다이는 노 선생이 살던 곳입니다. 노 선생님은 이 센다이에서, 나라를 구하려면 우선 국민정신을 개조하지 않으면 안 되며 그러기 위해서는 의학보다 문학을 배워야 한다고 결심했습니다. 이렇게 해서, 노 선생은 센다이로부터 자기가 빛나는 전투 생활과 창작 생활을 시작하게 되었습니다.

　우리는 센다이에 도착한 그 날로 노신이 센다이에 남긴 유적을 찾았다. 이노우에 교수는 "노신은 도호쿠대학 의학부의 전신인 센다이 의학전문학교에 다녔다고 하며, 도호쿠대학 의학부에 가까운 센다이시 박물관의 정원에는 '노신 기념비'가 건립되어 있다. 또 유학 시절 처음으로 하숙한 집도 있고 집 앞에는 '노신의 옛 거주 유적'이라는 기념비도 서있다"라고 말하였다.

센다이시 박물관은 아오바성 아래에 위치하여 그 박물관 앞의 좌측을 걸어가니 거기에 높이 2~3m의 청색 기념비가 세워져 있었다. 비석 정면에는 노신의 반신 동상이 새겨져 있고, 비석의 주위에는 "중국과 일본은 전쟁을 해서는 안 된다"라고 쓰여진 목판비가 2~3개 서있었다.

정 선생 일행이 센다이를 떠난 후, 2001년에, 새로운 '노신의 비'가 그의 고향, 중국 쇼코시로부터 기증되어 세워졌다.

새로운 동상에서 보는 노신의 표정은 중국을 대표하는 문호에 어울리게 청상하며 지적으로 보인다. 또한 그 부근에는 예전에 방문했던 허공평 여사, 1998년 11월, 센다이를 방문한 중국의 강택민 주석 부부의 센다이 방문기념 식수비가 서있다. 수목은 홍매화이다.

예전의 '노신 기념비'는 센다이의 유지 의사들과 센다이 시민이나 단체의 모금에 의해 건설되었고, 비명에는 휘호로 곽말약(郭沫若)의 서명이 있다.

노신은 1902년 22세 되던 해에 남경 광무철도대학을 졸업하여, 청나라의 관비 유학생 신분으로 일본에 건너왔다. 처음은 도쿄의 홍문학원에서 일본어를 배운다. 당시의 청나라 유학생회관에서 생활을 같이 한 청나라 유학생에 대하여 노신은 다음과 같이 적고 있다.

이 회관에 있는 청나라 학생들은, 국가와 민족의 운명에는 무관심하고 단지 자기의 지위를 찾기 위해 '급하고, 소란하며', 밤에는 술 마시러 가거나 춤추러 가는 것으로 귀중한 시간을 보내고 있다.

센다이 의전은 1902년에 제2 고등학교로부터 의학부가 독립한 곳이며, 최초의 중국인 유학생을 무시험, 학비 면제로 우대하여 직원이 하숙집 찾기까지 도왔다. 특히 해부학 교수 후지노 간쿠로(藤野厳九郎)는 노신을 친절하고 정중하게 지도하여, 그 학은을 노신은 평생 잊지 않았다.

노신이 2학년 때 세균학 수업이 시작되었는데, 세균의 형태를 모두 환등기로 보게 되어 있었다. 일단락한 후 시사적인 화면을 비추어 보여주었는데, 일본이 러시아와 싸워서 이기고 있는 장면이었다. 중국인이 러시아군 스파이로 일본군에 잡혀 총살되는 장면이었고, 둘러싸고 구경하고 있는 군중도 중국인이며 모두 무관심했다. 또, 교실에서는 "만세!"라고 의학생들이 모두 손뼉을 치고 환성을 지르고 있었다. "나에게는, 이때의 환성이 특별히 귀를 찔렀다. 그 후, 나는 후지노 선생님을 방문하여 의학의 공부를 그만두고 싶다고 고백했던 것이다."

노신이 학업을 중도에 그만둔 것은, 강의 중 본 영상이 계기였다. 노신은 의학교를 그만두고, 문학의 길을 선택하여 도쿄로 나왔다.

2. 후지노(藤野) 선생과 노신

센다이를 떠나기 며칠 전에, 후지노 선생은 청년 노신을 집에 불러 석별의 정을 나누었다. 후지노 선생은 자신의 사진 한 장을 노신에게 주면서, "석별, 주군(周君)에게"라고 하는 문자를 썼다.

그 후, 시국의 변화와 자신이 놓여진 특수한 환경에 의해 노신은 후지노 선생과의 연락을 지속할 수 없었다. 그러나 노신은 생명이 끝나는 마지막 순간까지, 청년 시절 자신을 고무시켜 주신 일본의 선생님을 잊지는 않았다. 1926년 군벌 반동 정부의 박해를 받고 북경을 떠나 하모이에 간 노신은 센다이 유학 시절을 추억하면서, 「후지노 선생」이란 일편을 썼다. 그는 그 산문 중에서, 자신을 가르친 많은 교원 중에서 후지노 선생이 가장 깊은 인상을 준 교원이라고 썼다. 그 시절, 노신도 벌써 세계에 이름이 알려진 위대한 작가로, "중국 문화혁명의 주장"이 되어 있었으나, 여전히 후지노 선생님의 사진을 자신의 서재 벽에 걸고 있었다고 한다.

그 후, 노신은 일본의 친구에게 편지를 쓸 때마다, 몇 번이나 후지노 선생의 소식을 물었다. 그러나 후지노 선생은 노신이 센다이를 떠나고 수년 후, 센다이를 떠나 있었으므로 일본의 친구들도 그 소식을 몰랐다.

사실, 후지노 선생은 자신의 고향에서 건강하게 만년을 보내고 있었다. 1915년, 후지노 선생은 센다이 의학전문학교를 퇴직하여 후쿠이현(福井県)의 고향으로 돌아가 의원을 개설했다. 선생의 의술은 상당히 뛰어났고, 당시 농촌에서는 선생에 대한 평판이 높았다고 한다.

어느 날, 도쿄에서 공부하는 자식이, 노신이 쓴『후지노 선생』의 일본어 번역책을 아버지 앞에 가져가 "이 문장에 쓰여져 있는 후지노 선생은 누구인가요"라고 묻는다. 이 문장을 읽은 후, 후지노 선생은 "노신"은 내가 처음 보는 이름이지만, 문면을 보면 "노신"은 이전 주수인이라고 부르던 학생이 틀림없다. 내가 센다이 의전에서 일하고 있었을 때, 그를 가르쳤던 적이 있어 그 필기 노트를 고쳐준 적이 있다. 그가 이와 같이 위대한 인물이 되어 있었다고는 정말로 몰랐다. 나의 제자 중에서 이렇게 큰 인물이 나타났다니 실로 기쁜 일이라고 이야기했다고 한다.

1936년 10월, 노신이 서거 했다는 통지가 일본의 후쿠이현에 전해지자, 후지노 선생은 눈물을 머금고 "내가 주수인 군의 학습을 조금 도와주었다고 하여, 주군은 큰 감동을 받아, 나와 같은 보잘 것 없는 인간을 은사로 칭하여 책에 써서, 또 나의 사진까지 그대로 걸고 있었다고 하니 나에게는 매우 미안할 따름이다. 주군의 가족은 지금은 어떻게 되어 있는지? 아이는 몇 있는지? 나는 진심으로 주군의 서거에 대해 애도의 뜻을 나타내고, 또 유족에 대하여 위문의 뜻을 전하겠습니다"라고 말했다고 한다. 후지노 선생은 붓으로 "주수인(周樹人)군을 감히 생각해 낸다"라고 쓰고 벽에 걸었다.

1945년 8월 11일, 후지노 선생은 71세에 고향 후쿠이현에서 서거했다. 고향 사람들은 노신과 후지노 선생의 위대한 우정을 기념하여, 산 위에 후지노 기념비를 세웠다고 한다. 그 비는 중국을 향하여 뒷면에 '석별'이라고 하는 두 글자가 새겨져 있다. 그리고 이 지방의 사람들은 이 비석을 '석별의 비'라고 부르고 있다.

1976년 10월, 노신의 장남 주해영(周海嬰)이 중국 대표단과 〈노신 전람회〉의 개막식에 센다이에 왔을 때, 센다이 사람들은 주해영과 중국의 친구들을 환영하여 성대한 의식이 거행되었다. 센다이 시청 앞에 센다이 시장이나 시 직원들이 모여, 노신의 조국에서 온 중국 대표단을 환영했던 것이다.

노신이 센다이에 있었을 무렵의 센다이 의전은 현재 도호쿠대학 의학부가 되어 노신이 공부하고 있던 교실은 지금도 그대로 보존되고 있다. 주해영도 그 교실을 방문하여 옛 정황을 상상해 보았다고 한다.

주 일행이, 센다이시 박물관 앞마당에 있는 '노신 기념비'에 도착하자, 중국 대표단을 기다리고 있던 한 명의 일본인 중년 여성이 주해영에게 뜻 깊은 한 장의 사진을 내밀었다. 그 사진은 노신이 센다이에서 공부하고 있었던 시기, 2~3명의 학생들과 찍은 사진이며, 뒷면에는 '메이지(明治)38년 촬영'이라는 문구가, 노신의 사진 뒷면에는 주수인군과 라는 문구가 쓰여져 있었다. 그 중년여성은 노신이 센다이에 있었을 때 하숙했던 집의 손녀로, 이 사진을 오빠가 보존하고 있었다고 하며, "노신의 자식 주해영 씨가 센다이에 온다고 하는 이야기를 들어, 몇 십년간 보존하고 있던 사진을 복제하여, 복제품은 우리집에 놓고 귀중한 원본은 중국에 보내기로 하여, 노신 기념비 부근에서 주해영 씨를 기다리고 있었습니다"라고 이야기했다.

노신이 의학의 길을 단념하여 도쿄로 나왔으나, 그것은 '나약한 국민'이 비록 몹시 힘이 센 체격이라도, 겨우 본보기의 재료이고 또는 그 관객 정도 밖에 될 수 없고, 우선 그들의 정신을 개혁해야 하고, 그 때문에 문학예술을 선택해야 한다고 생각했다라고 후에 노신은 말하고 있다.

노신과 후지노 선생의 만남은, 중·일 양 국민에게 '인간에게 중요한 정과 인연'의 존재를 가르친 것이 되었다.

문헌〉

1) 정판용 저, 연변대학 조선-한국 연구소 편, 『정판용, 세계를 간다』(한글판), 연변인민출판사, 2007.
2) 강건영, 『현대사에 배우다』, 아시아뉴스센터, 2003.

(2012.11.8.)

14. 김학철

- 파란만장한 인생과 격정 시대 -

　김학철의 생애를 알면 알수록, 씨가 파란으로 가득 찬 금세기의 조선 근현대사·중국 현대사를 파란만장하게 살아 왔던 것이 실감된다. 중국 조선족 작가 김학철의 작품은 일관되게 "스스로 경험했던 것에 기초를 둔다"는 창작 방식을 원칙으로 하고 있다. 그의 작품에 더욱 친근하게 접근하기 위해서는, 저자의 경력에 대하여 지식을 준비해 둘 필요가 있다. 특히 일본에서는 별로 알려지지 않은 작가와 작품에 대해서는, 이러한 정보가 필요하다.

　김학철은 중국 동북지방에서는 가장 이름이 알려진 작가이며, "민족을 생각하지 않는 문학은 상상도 할 수 없었다"라고 말한 것에서 알 수 있듯이 강인한 민족주의자라고 할 수 있다. 필자는 이 작가의 소설이나 기사를 읽은 후, 러시아의 톨스토이나 중국의 노신에 필적하는 작가라고 생각하게 되었다. 이러한 대장편소설가는 본국에서도 수가 적다. 필자는 중국 도문시에 있는 김학철 문학비를 방문했다.

　여기에서는 김학철의 경력과 『격정 시대』의 여성들에 대하여 해설하기로 한다.

1. 작가경력

김학철 略年譜

1916년 10월 30일	함경남도 원산에서 태어남. 본명, 홍성걸. 원산 제2공립보통학교를 졸업. 누룩 제조업자 아버지가 6세 때 타계. 외가의 도움으로 서울 보성고등학교를 졸업.
1935년	임시정부를 찾아 상하이로 망명.
1936년	조선민족 혁명당에 입당.
1937년	중일전쟁이 발발한 해, 중국 황포 육군군관학교에 입학. 교관들로부터 사상의 영향을 받음.
1938년	황포 육군군관학교를 졸업한 후, 조선의용군에 입대, 항일 전쟁 중, 중국에서 일본군과 싸움. 같은 해 중국공산당에 가입하여, 1941년 중앙문학연구소에서 창작활동에 전념.
1941년	일본군의 포로가 되어, 나가사키 형무소에 4년간 수감. 일본군과의 전투에서 왼발에 총탄을 맞아 나가사키 형무소에서 다리를 절단.
1945년	석방되어 서울로 돌아온 후, 작가 활동을 시작.
1945년 12월	서울에서 단편소설 「지네」를 발표. 1년간 「담배 스프」, 「균열」, 「물고기 간유정령」 등 10편의 소설을 발표.
1946년	서울에서 창작 활동을 왕성히 벌이나 11월 좌익탄압으로 인해 월북한 후 『노동신문』 기자, 『민족 군대』의 주필이 됨.
1950년	6·25 전쟁이 발발하고 압록강을 건너 중국으로 건너가, 북경 중앙문학연구소에서 연구원으로서 문학 활동을 계속.
1952년	연변에 정착한다. 소설 『범람』, 『군공(軍功) 메달』을 중국어로 출판. 노신의 『풍파』를 번역해 출간.
1953년	전업 작가로 창작 활동에 전념, 많은 단편소설을 씀. 노신의 『아Q정전』, 『축복』을 번역해 출간.
1957년	반동분자로 여겨져 24년간 중국 공산당의 정치 박해를 받음. 정치소설 『20세기의 신화』로 10년간 옥중 생활을 겪음.
1980년 2월 5일	재심에 의해 무죄 판결이 내려짐. 명예를 회복한 김학철은 24년간 중단했던 문학 활동을 재개.
1985년	국적을 조선에서 중국으로 바꿈.
1996년	장편소설 『20세기의 신화』가 한국에서 출간됨.

2001년 6월	서울 적십자병원에서 의료사고로 식도가 파열되어 80일간 입원 치료를 하다 연길로 돌아간 후, '조용히 떠나게 해달라'는 유서와 함께 21일간의 단식으로 파란만장한 인생을 마침.
2001년 9월 25일	85세, 연길에서 타계. 시신은 화장되어 일부는 두만강에 뿌려지고 일부는 "원산 앞바다행 김학철의 고향"이라고 적혀있는 우편함에 담겨 동해바다로 보내짐.
2005년 7월	『조선 의용군 마지막 분대장 김학철 2』의 출판기념회가 연길에서 개최됨.
2011년 9월	김학철 타계 10주기 추도 행사, 훈춘에서 개최.

저서로는 장편소설 『해란강이여 말하라』, 『20세기의 신화』, 『격정 시대』, 단편소설 『무명소졸』, 자서전 『마지막 분대장』 등이 있다.

중국 조선작가 중에서는 카리스마적인 존재가 되고, 2002년 3월에는 '김학철문학연구회'가 연길시에서 창립되었다.

한국에서는 90년대 중반, 장편소설 『20세기의 신화』와 『격정 시대』 그리고 자서전 『마지막 분대장』이 한국어로 출판되었다. 일본에서는 와세다대학의 오오무라 마쓰오 교수 등의 김학철 연구자가 나왔다. 김학철에게는 '걸출한 항일 투지'와 '위대한 작가'라는 신화가 있다.

2. 작품 『격정 시대』

1986년에 출판된 장편소설 『격정 시대』(상·하)는, 일제 통치하의 1928년부터 1941년까지 원산, 서울, 중국을 배경으로, 작가 개인의 현실 체험을 기반으로 조선 의용군의 형성과 발전 과정 그리고 국민당의 통치 구역으로부터 중국 공산당 팔로군의 통제 구역으로 옮겨 오는 과정이 반영되고, 중국 대륙에서의 항일무장투쟁을 형상화한 장편 작품이다.

『격정 시대』의 상권과 하권은, 구조적 차이점을 지닌다.

상권은, 주인공 서선장의 원산을 무대로 하는 유년기와 서울을 무대로 하는 소년

기의 이야기이다.

하권에서는 중국의 상하이, 남경, 무한, 태행산 등이 무대가 되고 있다. 상하이에서의 민족혁명당의 테러 활동, 난징에서의 군관학교 생활, 무한에서의 조선의용대 설립과 대일 선전공작, 그리고 태행산의 항일 전투 등이 인물상을 통해 그려지고 있어 소설이라기보다 다큐멘터리라고 말할 수도 있다.

여기에서는 이 소설에 나타나는 여성들의 활동에 대해 이야기하겠다.

3. 격정 시대의 여성들

1) 식민지 조선의 최하층 여성들

주인공 서선장의 어머니는 이름이 없는 인물이다.

빈곤한 어부의 아내, 두 아이의 어머니인 그녀는 일생을 가족을 위해서 바치는 조선 여성의 전형적인 인물이다. 아들인 서선장이 중학에 진학하게 되었어도 학비를 지불할 수 없자, 그녀는 아들을 먼 친척에게 양자로 보냈다. 아이를 위해서 라면 무엇이든지 희생하는 모성 넘치는 인물이다.

서선장의 누나 서정실은 빈곤한 어부의 딸로 태어나 학교에도 들어갈 수 없고 가계를 위해서 힘든 노동을 강요당한다. 물고기 처리장이나 모래밭에서의 중노동, 가정부 등의 일로 고생하면서, 그녀는 그 모두를 '여자의 숙명'으로 받아들인다.

일본인 아내이며, 양씨동(梁氏童)의 연인인 손쌍년(孫双年)은, 식민지 조선 최하층의 대표 인물이며, 전쟁의 희생자이기도 하다.

손쌍년이라는 이름에는 여성에게 모욕적인 의미가 충분히 포함되어 있다. 조선어의 '쌍년'은, 신분이 낮은 여성을 가리키는 비속어이다. 이 이름은 저자 김학철 어머니의 실명이기도 하다.

어부인 손쌍년의 아버지는 몇 년 전에 바다에서 빠져 죽었다. 술매도로 가계를 유지해 온 어머니도 병으로 쓰러져 버린다. 그래서 딸인 손쌍년을 일본인 부자에게 팔아 버린다.

손쌍년은 일본인 노인의 첩으로서 유복한 생활을 누리면서 젊은 양씨동과 사랑에 빠져 버린다. 그러나 양씨동은 노동조합의 파업에 참가하였다가 경찰에 쫓기게 되고 중국으로 도망쳐 조선 의용군 전사가 된다.

사랑하는 두 사람이 헤어지고 12년 후, 손쌍년이 탄 북평열차는 도중에 조선 의용군에 의해서 납치되어 차량 안에서 총격전이 시작된다. 총격전 도중 한 명의 의용군 전사가 일본군의 총격을 받아 그녀 앞에 쓰러진다. 그 의용군 병사가 그녀의 연인, 양씨동이었다.

2) 부유층 여성들

부잣집 딸이며 공산주의자인 한정희의 여동생인 한선희는, 풍족한 가정에서 자라 수준 높은 교육을 받은 지식인 여성이다. 그녀는 바이올리니스트이기도 하다.

미국인이 경영하는 '루시여자학교'를 졸업한 후, 미국으로 유학을 떠나게 되지만, 조부의 반대로 줄리어드 음악 학원에서 이화여전으로 옮겨 선생이 된다. 후에 서선장(徐船長)의 초등학교 담임인 애국 청년 김영하와 사랑에 빠진다.

부모로부터 많은 자산을 받아 변호사 연갑수의 아내가 된다. 박숙자(朴淑子)는 아이가 없었기 때문에 서선장을 양자로 받아들인다. 그녀가 서선장을 양자로 받아들인 목적은 단지 하나, 남편 연갑수의 바람기를 조금이라도 막기 위한 것이었다.

서선장이 양자로 그녀의 집에 온 지 얼마 안 되었을 때 "여기는 원산이 아니고 서울이다. 그리고 이 집은 너의 집과 달리 집안이 좋다. 그러니까 적당히 해서는 안 된다"라고 훈시를 한다.

서선장이 학생운동에 참가하려고 하자, "너는 절대로 앞에 나서지 마라", "…너는 공부만 하면 된다"라고 설교한다. 그러나 서서히 커지는 사랑은 진짜 모성애였다.

그녀를 속이고 중국에 갈 때, 서선장은 그 모성애에 대해 다음과 같이 토로하고 있
다.

> 숙자 숙모, 애국 애족이라고 하는 관념을 조금도 모르는 숙자 숙모, 맹목적으로 나를 사랑해
> 주는 숙자 숙모, 본능적으로 나를 귀여워해 주는 숙자 숙모….

4. 싸우는 여성들과 조선인 종군위안부

상기 외에, 서선장이 상하이에서 만난 조선인 혁명가 김혜숙이나, 조선 의용군에
참가한 일본인 여성 테라모토아사고에 관한 기사 등이 있다.
『격정 시대』에는 조선인 종군위안부에 대한 이야기도 나오지만, 그러한 해설은
다음의 기회에 실시하고자 한다.

문헌〉

1) 남철심, 「『격정 시대』의 여성들」, 지바대학대학원 인문사회과학연구과 제159집, 『신체 문화 정치』,
   2008.
2) 김학철 저, 고명철 역, 『격정 시대』(한글), 고전선집, 2010.

(2012.11.11.)

편안하게
살려거든
불의에
외면을
하라
그러나
사람답게
살려거든
그에
도전을
하라
苟想安
度一生
就漢視
人間之
不義但
欲活得
像人就
向它挑
戰

도문시 김학철 문학비

15. 도문(図們)의 화엄사(華嚴寺)와 조각공원

2012년 10월, 필자는 중국 동북지방에 도문시 일광산에 위치한 화엄사와 도문강 조각공원을 방문했다. 여기는 두만강을 경계로 북한에 가장 가까운 국경지대이다. 두만강의 흐름과 주변 산의 단풍 그리고 화엄사의 규모에 감명 받았다.

화엄사

도문시의 작은 산, 일광산에 위치한 화엄사는 1945년 이전 일제강점기 동안, 북한에서 두만강을 건너 중국에 피난 온 많은 사람들을 보호하여 구명하였던 것으로 알려진 사원이다. 당시의 주지는 조선족 불교학대사 수월법사였다.

2006년 10월 26일, 화엄사 유적의 수복정초식이 도문시 일광산에서 행해졌다. 필자가 2012년 10월, 이 사원을 방문했을 때에는 아직 수복 공사가 진행 중이었다. 험한 산 정상에 세워진 화엄사의 전모는 매우 위엄이 있었다.

1913년에 건설된 일광산 화엄사(수월사원)은, 당시 도문시 범위 내의 15사당 중 가장 규모가 크고, 승려가 많은 절이었다. 창시자는 유명한 조선족 불교학대사, 수월법사이다. 수월법사는 당시 사람들에게 선행을 베풀어 다 죽어가는 사람을 돕고 부상자를 돌보았으므로 군중으로부터 존경받았다. 사료에 의하면, 수월법사는 유명한 항일운동 인사이며 일제강점기 항일구국운동시기 화엄사를 은폐물로 하여 항일 군민을 도와주어 불교계 내외에서 큰 명망을 세웠다. 화엄사 유적을 수복하는 것은 이러한 역사를 기념하기 위함이며, 애국정신을 칭송할 뿐만 아니라 도문시 역사와 일광산 불교문화 연구에 대하여 중요한 의의가 있다. 이 사원에도 일찍이 화엄 범종

이 있었던 것 같다.

필자는 화엄사 본당 입구에서 기왓장을 구입하여, 거기에 '불광보우'(이조명종시대)라고 기입하여 그곳에 두고 왔다. 현재 제주도 북부의 마을에 세워진 '보우대사'의 거대비가 머릿속에 떠올랐기 때문이다.

1) 보우대사(普雨大師)(1509?~1565년)

승려 보우는 조선 중기의 고승이며, 본국에서 대선사 허응보우(虛応普雨)로 현창되어 그 거대한 순교비가 유배지인 제주도 땅에 설립되었다. 보우는 법명이며 15세 때 금강산 마아연에서 삭발, 출가하여 승려가 되었다. 승려 보우는 그 탁월한 수행력과 불교·유학에 관한 뛰어난 지식을 기초로, 당대의 저명한 유학자들과 교제했다.

명종 5년경부터 문정왕후에게 신임을 받고 대선사에 임명되어 불교계의 중진이 된다.

왕후의 사망 후, 완강한 유교파의 탄원으로 제주도로 유배되었다. 3개월간 노역을 수행하던 중, 제주 목사 변협이 보낸 역사의 채찍에 1565년에 살해되었다. 향년 57세.

그의 훈도를 받은 제자 중에는 임진왜란에서 의병승려로서 활약한 송운대사가 있다.

중국 땅에 있는 화엄사의 수월법사는 정토에서 '보우대사'의 이름을 기왓장 위에서 내려다보고 반드시 기뻐할 것이 틀림없다.

2) 도문강(図們江) 조각공원

두만강 조각공원이라고도 부른다. 이 근대적인 조각공원 안에는, 미국의 아인슈타인, 독일의 베토벤 흉상 외에 오래된 조선 민족 전통문화를 상징한 조각이 다수 세워져있다. 널뛰기 하는 여성과 그 옆에 앉아 손뼉을 치는 모친, 그 곁에는 작은 항아리와 밥공기가 놓여있다. 여름 바람을 느끼고 있는 현대여성, 전통 씨름을 하는 건장한 남자들, 손자를 중심으로 춤추며 장구를 치는 노부부, 북을 울려 춤추려고 하는 중년 남녀 등.

이러한 조각 작품에는 중국 조선족의 풍속, 전통문화, 인물상이나 민족의상 등이 잘 표현되어 있다. 이러한 근대적 민속공원은 한국의 서울에서도 희귀하다고 생각한다.

(2012.11.29.)

16. 연변박물관을 방문하여

2012년 10월 중순, 나는 연변에 두 번째로 방문하여 평소 염원이었던, 새로운 '연변박물관'과 그 근처에 있는 '연변체육장'을 견학할 수 있었다.

2012년 9월 2일, 연변자치주 창립 60주년 기념 공사의 하나인 '연변박물관'이 2년의 건설 기간을 거쳐 정식으로 개관되었다. 연길비행장에서 조양천 방면으로 2km 떨어진 곳에 건설된 '연길박물관'은, 투자 총액 1억 3,500만 위안으로, 부지면적이 2.1만 평방미터, 건축넓이가 1.4만 평방미터이다. 내가 이전에 견학했던 구 '연변민속박물관'은 이 5월에 폐관되었다.

1. 연변주 60주년 기념식

2012년 9월 3일, 오전 9시, '연변체육장'에서 연변조선족자치주 창립 60주년 기념 축제가 성대하게 개최되었다. 이 경축 대회에는 2만 2,000여 명의 연기자와 3만 4,000여 명의 관찰자까지 총 5만 6천여 명의 인파가 모여, 한마디로 '감동, 경탄, 찬탄'의 대회였다고 일컬어진다. 회합장이 만원이 되어 연길 주민의 대부분은 입장이 제한되었다.

2. 연변박물관의 시설내용

연변박물관의 낙성식은 2012년 9월 2일 오후, 연길시에서 거행됐다.

이 박물관은 중점적으로 연변 조선족의 이주사, 조선족의 민속 풍습과 혁명 투쟁사 및 연변건주 60년 이래의 경제발전 성과를 중점적으로 소개하는 박물관으로서 소장 문화재가 1.5만 점, 하루 수용 가능 인원은 1,000명 이상으로 연변이 혁명 전통의 교육이나 애국주의의 교육을 전개하는 중요한 기점이라고 평가하고 있다. 박물관 낙성에 수반하여, 중국 조선족의 역사 문화와 현대적 문명의 전시도 토대를 쌓아 올렸다고 자부했다.

3. 낙성식에서의 인사

연변주 정부 이용희 주지사는 낙성식에서 다음과 같이 강조했다.

연변박물관은 연변의 문화 발전사에 있어서 위대한 일이다. 귀중한 조선 문화 자원을 계승하여 발양하는 것은, 연변자치주 주민으로서의 책임이며, 새로운 시기의 민족 문화를 발양하여 경제, 사회의 한층 급속한 발전을 추진하는 현실적인 수요에 근거하는 것이다"라고 지적하면서, "연변은 이 나라에서 가장 큰 조선족의 밀집지이며, 수많은 문화 유적과 두터운 민속 문화가 축적되어 있어 당연히 그것을 보존, 전승시키지 않으면 안 된다.

연변박물관의 건설은, 중국 조선족 문화의 보호와 계승을 추진하여 연변의 문화 품위를 향상시켜, 연변의 관광업과 문화산업의 쾌속적인 발전을 추진하는 데 있어서, 적극적인 역할을 완수하는 것이 된다고도 말해진다. (『연제신문』 2012년 9월 2일)

4. 박물관내의 구분

연변박물관은 7개의 구역으로 나누어져 7개의 전시홀로 구성되어 있다. 전시 자료는 주로 조선 민속문화, 조선 혁명투쟁사, 연변주 60년의 성과, 연변의 고대 출토 문물, 연변미술, 촬영, 서도 작품 전시 등의 내용으로 구성되어 있다.

필자가 선택하여 견학한 구역은 다음의 전시실이다.

1) 중국 조선족의 이민사 2) 중국 조선 민속 문화사 3) 조선족 혁명 투쟁사
4) 조선어 체험 학습실

체험 학습실에는 텔레비전, 보청기, 마이크 등의 설비가 정비되어 있었고, 접수창구에서는 민족의상을 입은 2명의 여성이 앉아 밝게 안내하고 있었다.

이번에 내가 연길시에서 시청한 연변방송국(전시대(電視台))의 프로그램에는 매일 한글 학습 강좌가 있었으며 아이들의 발음이나 문자의 실수 등을 정중하게 가르치고 있었다. 한국이나 일본의 TV프로그램에서는 볼 수 없는 광경이다.

5. 연변 일본인회

2006년 4월, 연변주에서 연변 일본인회가 발족하여 제2대 회장으로 회사경영인 나카키요 마사토시(中淸正俊) 씨가 취임하였다. 2012년 9월 20일에, '연변 조선족자치주 창립 60주년을 축하하는 도쿄의 모임'이 거행됐다. 또 2012년 5월 11일에는 연변 일중 문화교류센터 일본 사무국에서 데라지마 문고학원(寺島文庫塾)북동 아시아 연구회가 열려 공통 테마로 '중국 조선족'과 '현지의 일본인 사회'에 대한 강연과 보고가 이루어졌다.

(2012.11.17.)

17. 연변대학에 대하여

연변대학은 길림성 조선족자치주 연길시에 있는 4년제 종합대학이다. 중국의 소수 민족인 조선족의 고등교육을 위해 조선어를 중국어와 함께 교육언어로 삼고 있다.

연변대학은 중국 최대의 조선족 거주지인 연변 조선자치주에 위치하고, 교육과 학문면에서 민족색을 진하게 비추는 민족대학으로서의 일면을 가지고 있다. 조선역사문화사, 장백산 천연자원 보호 개발을 중요 연구 테마로 한다.

연변대학의 교정 내에 있는 삼림지대에는, '항일 무명영웅 기념비'나 언어학자이자 연변대학 교수인 정판용의 '정판용 문학비' 등이 세워져있다.

1. 개요

창립 연도는 1949년이며 교직원수 2,600명, 재학생 19,820명(2004년), 전일제 학부학생 16,000여 명, 대학원생 3,000여 명이다. 한국, 일본, 중국, 러시아 등에서 700여 명이 유학하고 있다.

연변대학은 사범학원, 법학원, 이공학원, 의학원, 약학원 등 14개의 학원(일본의 학부에 해당)이 있다. 철학, 법학, 문학, 역사학, 농학, 의학, 관리학 등 11의 학계, 65개의 전공과를 두고 있다. 또 동북아시아 연구소 등 41개소의 학원 소속 연구기구를 설치하고 있다.

2. 연표

1949년	연길대학으로 창립.
1949년	연변대학으로 개칭.
1950년	연변의과전문학교를 연변대학에 편입.
1958년	이공과의 일부를 분리하여 연변공학원에 개편.
1958년	농업선과를 분리하여 연변농학원에 개편.
1959년	연변공학원을 연변대학에 편입.
1996년	연변대학, 연변의학원, 연변농학원, 연변예술학교외를 통합하여 신제. 연변대학에 개편.
1996년	연변과학기술대학을 연변대학에 편입.
2000년	연변제일사범학교를 연변대학에 편입.
2001년	연변위생학교를 연변대학에 편입. 연변대학의 교훈은 '구진(求真), 지선(至善), 융합(融合)'.

3. 학부전공

필자가 방문하려고 한 학부나 연구원은 다음과 같다.

① 조선-한국학학원

조선언어문학, 조선어, 신문학, 외국어학원

② 의학부

임상의학, 구강의학, 호이학, 약물제재, 제약공정, 중의학

이하 생략.

4. 연구교육기관

한중·한일문화비교연구중심, 민족연구원, 조선-한국학연구중심, 언어연구소, 의약개발연구중심, 여성연구중심, 정밀화학연구소, 성인교육학원 그 외 다수가 있다.

5. 연변대학 국외 관계

연변대학은 매년 100명 이상의 연구자를 해외에 파견하고 있는 것 외에 미국 피츠버그대학교, 러시아 극동대학교, 일본 메이지대학, 한국 서울대학교, 북한 김일성종합대학 등 세계 10개국 100여 곳이 넘는 대학, 연구 기관과 교류 관계를 가지고 있다.

6. 연변대학 출판물의 정기간행물

연변대학 자연과학학보, 연변대학 사회과학학보, 연변대학 의학학보, 연변대학 농학학보, 동강 학간, 한문어 학습 등의 간행물을 발행한다.

이번에 필자가 연변대학에서 만날 수 있었던 교수는 이현철 교수(인문사회과학학원부소장), 김해구 교수(조선어 자기변주임), 안창선 교수(연변대학 부속의원 호흡내과 주임)등 3명이다.

문헌〉
1) 연변대학(Wikipedia).
2) 연변대학'중국의 대학 데이터베이스'(인터넷 검색).

(2012.11.19.)

18. 중국 동북의 하얼빈 기행 (1)
- 민족 농촌과 문화 시설 -

2013년 10월, 나는 중국 동북지방의 하얼빈시를 방문했다. 독립운동가 안중근 의사의 의거 사적, 음악가 정율성 기념관, 한반도 남부로부터의 이민 농촌, 조선족 문화시설, 민족학교, 흑룡강(黑龍江) 신문사 및 기독교회 등을 방문하여 취재하는 것이 목적이었다. 여기에서는 안중근 의사나 음악가 정율성 이외의 항목에 대하여 이야기하기로 한다.

1. 하얼빈시

하얼빈시는 중국 흑룡강성에 위치하는 부성급시이다. 흑룡강성 인민 정부의 소재지이며, 흑룡강성의 정치·경제의 중심이다. 시구 인구는 587.9만 명, 도시권 인구는 1063.5만 명의 대도시이다.

1898년, 러시아 제국에 의해 만주를 횡단하는 중동철도가 들어서면서, 교통의 요충지로서 백계 러시아인을 비롯한 인구가 급격하게 증가해 경제의 발전을 보게 되었다. 1907년 1월 14일, 청조는 하얼빈을 대외 교역 거점으로 설정, 빈공청을 설치해 행정권의 강화를 도모했다. 이에 대하여 러시아는 동년 11월에 현재의 도리구, 남강구의 7,000㎡에 이르는 지역을 시구로 정해 청조에 대항했다.

1909년 10월 26일, 하얼빈 역 앞에서 일본의 추밀원의장(枢密院議長) 이토 히로부미(伊藤博文)가 안중근에게 암살당했다.

만주국이 붕괴되고, 국공 내전의 결과 중국 공산당이 1946년 4월 28일에 하얼빈의 지배권을 획득하자 즉시 하얼빈 특별시 정부를 설립, 1954년 6월 19일의 송강성과 흑룡강성의 합병에 의해 흑룡강성에 이관되어 성 인민정부가 설치되어 현재에 이르고 있다.

조선족은 양녕성, 길림성, 흑룡강성을 총칭한 중국의 '동북 3성'에 많이 거주하고 있다. 특히 길림성의 연변 조선족자치주에 집중되어 있는데 그 인구는, 많은 순서로 길림성이 118만 명, 연변자치주가 84만 명, 흑룡강성이 45만 명, 양녕성이 23만 명이다.

하얼빈은 '동방의 모스크바'라고 불릴 만큼, 성소피스카야대성당, 중앙대거리, 송화강의 선원장 및 원스탈린 공원에 있는 인민방홍승리기념탑 등 이국 정서가 풍부한 아름다운 도시이다.

2. 조선족의 농촌

흑룡강성에 있는 조선족의 농촌으로는 ① 흑룡강성 상지시(尚志市) 하동향 태양마을, ② 흑룡강성 오상시(五常市) 민약조선족향, ③ 흑룡강성 유바원 현유왕향, ④ 흑룡강성 치치할시 용사구 명성마을 등이 알려져 있으나, 그 밖에 흑룡강성 차화시, 동녕현, 목단시에도 조선족 농촌이 있다. 이번에 내가 방문한 곳은 상지시와 오상시이다. 치치할시는 먼 곳이기 때문에 다음 기회로 미루었다.

상지시에서는 노인 회관을 방문했는데 많은 노령자들이 모여 마작이나 바둑을 즐기고 있었다. 그리고 시인이며 전교사인 강효삼(71세) 씨, 평론가로 전직 교사인 서명철(75세) 씨와 이민 역사에 대하여 대화를 나눌 수 있었다. 상지시의 조선족 초·중학교도 방문했다. 일찍이 한반도에서 이 땅으로 이주해 올 때, 만주의 일본 철도를 타서 하얼빈에서 내려, 마차의 짐수레를 타고 장시간(2~3일)에 걸쳐 이곳에 겨우 도착했다고 한다.

오상시에서는 노인회관을 견학하여, 노인회 회장, 로삼봉(61세) 씨와 만나 또 박성수(82세) 씨 자택을 방문하여 부부와 담화했다. 흑룡강성에는 경상도로부터의 이주자가 많았다.

3. 흑룡강(黑龍江)성 조선족의 역사와 현상

1) 이민의 시작

조선족의 이민은 일반적으로 1870년대의 명나라 말, 청나라 초에 시작했다고 한다. 외국의 조선 침략에 의해 수많은 주민이 중국으로 이민하게 되었다. 그 외에도 정치 망명에 의한 이민, 결혼에 의한 이민, 납치에 의한 이민 등이 있었다. 그들의 상당수는 하북성, 양녕성에 살고 있고, 중국에 동화되어 있었으나, 1983년 신청에 의해서 조선족이라고 인정되었다. 그들은 말·문자를 벌써 잃고 있었으나, 그들의 규모가 크고 모여 살면서 기념비등을 공유하고, 각 집안에는 족보가 보존되어 조선족으로서의 아이덴티티는 유지되고 있다.

2) 흑룡강성의 조선족

동성의 조선족은 원래 45만 명이었다. 그 중 하얼빈에 13만 명. 최근 외부에 나가는 사람이 많아져 38만 명이 되었다고 한다. 동성의 조선족은 경상도를 중심으로 한국 지역으로부터의 이민 자손이 많다. 그들은 주로 철도 노동자 혹은 농업 종사자로서 이민을 왔다.

이 중 철도 노동자로서의 이민은 흑룡강성의 하나의 특징이라고 할 수 있다. 1865년, 중동 철로를 만들기 위해 조선·연변으로부터 이민을 왔다. 1912년의 통계에 따르면, 1903년의 사업 종료 후도 연선에 남은 조선인은 2,800명에 달했다. 또 1907년에 완공된 서울-심양간 경봉선 철도 건설에 즈음하여도 많은 조선인이 노동자로서 이주했다.

농업 종사자로서의 이민은 1932년경부터 시작되어, 이 때 1,800호 7,000명 정도가 농민으로 이주한 것으로 보인다. 또 중소 국경선에도 18,000명의 이민자가 있었고, 이것은 일단 러시아에 이주한 후 중국에 들어간 사람들이다. 그들에게는 농지의 소유권이 인정되지 않았다. 이 점은 연변의 조선족이 소유권을 인정받은 것과 대조적이었다.

일본 식민지시대에는 한반도로부터 매년 15,000세대가 이민을 권유 받았다.

이때의 이민은 세 종류가 있는데 첫 번째 집단 이민은 조선으로부터 마을 단위로 이주하는 것으로 이민의 3할을 차지하고 있었다. 이때의 이민 정책은 만선탁식 회사(滿鮮拓殖会社)가 하청을 받았다. 두 번째는 집합 이민으로 조선의 각 도로부터 일정량을 내어, 그들을 모아 맞추어 이주시키는 것이었다. 집합 이민은 일본의 금융기관의 출자로 행해졌다. 이것이 7할 가까이를 차지하여 가장 많았다. 세 번째는 분산 이민으로, 수는 적고 친척을 의지해 스스로 오는 사람들로 자유도는 높지만 정부로부터의 보장은 아무것도 없었다. 게다가 이민에는 조선 총독부의 허가가 필요했다. 연장자가 대부분이고, 의사·교원 등의 기술자를 기본으로 하고 있었다. 그들은 제2차 세계대전 후, 6~70퍼센트가 한반도로 돌아갔다.

3) 조선족의 현재 상황

다민족국가 중국의 소수민족 정책은 조선족에 관해서는 대체로 잘 되고 있다. 일본과 비교해서 차별 등은 눈에 띄지 않는다. 또 민족학교에서는 민족 언어와 보통어의 두 개의 언어교육을 하기 때문에 부담이 무겁고 현재는 민족학교가 아닌 한족의 학교에 입학하는 조선족이 증가하고 있다. 한편, 취직을 위해서 민족학교에 들어가는 한족도 최근 증가 경향에 있다. 중국에서는 강제적인 동화를 말하는 측면은 별로 없고, 오히려 융화적 측면이 전면에 나와 있다고 생각해야 할 것이다. 예를 들면, 한국의 발전을 조선족의 발전과 결부시키려는 의식이 있듯이, 밖으로 민족 국가를 갖는다는 특징이 있기 때문에, 밖의 국가의 상황의 영향을 받기 쉽다. 또 북한 출신 · 한국 출신자의 조선족 사이에 도랑은 인정되지 않는다.

4. 하얼빈 조선 민족학교

이 학교는 1909년에 설립되어 제일 긴 역사를 가지는 조선 민족학교이다.

1996년에는 교원 52명과 15개의 학급이 있었다. 한 학급의 인원수는 40~50명이고 당시 650명의 학생이 있었다. 그 후, 부모의 사정으로 대부분의 학생들이 한국, 일본, 캐나다, 중국 남부로 이동하여, 2007년에는 학생수가 180명, 교원수는 22명으로 감소하였고, 그 중 조선족의 교원은 20명, 체육과 영어의 교원 2명은 한족이었다. 당시의 학급 수는 합계로 7개 학급으로 최근 10년 사이 반으로 줄어들었다. 2013년 현재, 하얼빈 시내에는 초등학교 1개, 중학교 1개, 중 · 고등학교 1개가 있다. 이전에는 농촌에서도 100호에 초등학교 1교가 지어졌으나 현재 상지시 하동향에서도 인구감소에 의해 2000년에는 초등학교가 폐교 되었다.

조선족의 민족학교는 학생의 감소를 면할 수 없는 상황에 있으나, 다른 한편으로는, 조선어를 배우려 하는 한족 학생이 증가하고 있다. 민족학교에서는 조선어 수업과 수학을 조선어로 배우고 있다. 그러나 이 학교에서는 조선 민족의 정체성을 환기시키는 수업은 커리큘럼에 존재하지 않는다. 조선의 역사, 지리는 가르칠 수 없다. 사회과 중에서 할 수 있는 것은 조선어의 노래를 부르거나 전통적, 고전적 연극을 연기해 재현하거나 하는 것이다. 또 교과서는 없어도 교원이 조선의 예절 등을 가르치거나 한다.

5. 『흑룡강신문』

중국 최대의 한글 신문이다. 하얼빈시의 본사 외에 산둥성 청도시, 길림시, 서울에 지사가 있다. 또 인터넷 홈페이지로는 중국 조선족에 관한 뉴스 포털 사이트로 '조선족넷'이 있어, 정기적으로 Google 등을 통해 일본에서도 볼 수 있다.

이 신문사는 일간지 『흑룡강신문』(월요일~금요일)와 주간지 『흑룡강신문』을 발행하고 있다.

본사의 배봉섭 부장(55세)과 저녁 식사를 같이 하면서 의견을 주고받고 상지시의 지식인을 소개 받았다. 배씨가 "현재, 노인 문제를 담당하고 있는데 이 시에서 치매증 주민이 증가하여 사회 문제화되고 있다"라고 말하기에 나의 졸저 『치매증과 양로원(한글판)』을 건네 드렸더니, 좋은 참고가 될 것 같다고 하며 이곳 신문에 인용하고 싶다고 이야기하였다.

최근의 『흑룡강신문』(2013년 2월 1일자)을 보면, 사회 뉴스로서 「양회(両会), 조선족 '가족' 여자 바람 분다」라는 제목을 붙인 기사가 실려 있다. 그 내용은 다음과 같다.

이번 흑룡강성 양회에 참가한 조선 위원 대표 가운데, 여성이 압도적인 우세를 차지하고 있었다. 20명의 조선족위원 대표 가운데 여성이 14명이다. 8명의 정협위원 중 5명이 여성이며, 12명의 인대대표(人大代表) 중 9명이 여성이다. 여성 대표들은 40~50대의 연령층으로 정계, 기업, 은행, 병원, 대학, 중학교, 주민 위원회 등 사회 각 분야에서 활약하고 있다.

6. 크리스트교회

하얼빈시에는, 한국 교회로 하얼빈 한인교회 등이 있다. 흑룡강성 양회(両会)의 리미란(李美蘭) 대표는 하얼빈시 크리스트교 양회 부회장으로 활약하고 있다. 이전에는 흑룡강성 정협위원이었다.

상지시하동촌기독교회

　이번에 내가 방문한 크리스트교회는 흑룡강성 상지시 하동향에 있는 '상지시 하동 대성 조선기독교당'이었다. 소규모의 교회로서 하동교회의 목사는 중년 여성인 손은자(孫銀子) 씨였다.

　이 크리스트교회는 1980년 건립된 이래 견실하게 유지되어 왔다. "상지시 지역의 조선족교회는 신앙 면에서 내부 모순이 생겨 복잡하였으나, 이 교회는 비교적 단단히 하고 있다"라고 이야기했다.

　노부인들은 오후 예배가 끝나 돌아가는 중이었고 서로 즐거운 듯이 이야기하고 있었다. 모택동 시대에는 크리스트교회가 인가되지 않았고, 근년에 와서 이 마을에도 종교 활동이 허용되었다고 한다.

문헌〉

1) 하얼빈시(Wikipedia).
2) 하야시 히로시(林博史), 단연군(段燕軍), 타나카 후미오(田中央生), 하야사도(細谷早里), 김성실, 「중
   국 동북에 있어서의 조선족의 실태에 관한 조사보고」 10월 28일~11월 3일, 2007.

(2013.11.8.)

19. 중국 동북의 하얼빈 기행 (2)
- 안중근 의사와 음악가 정율성 -

2013년 10월, 나는 중국 동북지방의 흑룡강성 하얼빈시와 그 주변 농촌을 여행하며 조선족 문화예술회관 내에 있는 독립운동가 안중근 의사 기념실과 조선민속박물관, 음악가 정율성 기념관을 방문하여 취재하였다.

2014년 5월 10일~13일에도 하얼빈을 재방문하여 신설된 하얼빈역 구내의 안중근 의사 기념관 그리고 음악가 정율성 기념관을 견학하였다.

1. 조선 민족 예술관

하얼빈역에서 서쪽으로 약 1km 떨어진 도리구안승 지역에 7층 규모의 조선민족 예술관이 위치한다. 흑룡강성에 거주하는 약 45만 명의 조선족을 위해 언어, 문화, 예술을 계승해 보급하는 공익 시설이다. 2층에는 '안중근 의사 기념실'이 있는데, 입구의 우측 안채에는 안중근 동상이 있고 조선민속박물관과 같은 층에 위치하고 있다. 중국과 국교를 수립한 1990년대 전반부터, 한국은 하얼빈 시내에 안중근 기념관 건립을 중국에 요청하였으나 무산되었다가, 2006년 7월 조선민족예술관 내에 건립하는 조건으로 승인되었다. 기념관을 짓는 데 필요한 경비는 한국정부와 삼성, 아시아나항공 등 복수의 한국 기업의 기부로 충당되었다고 한다.

한국의 박근혜 대통령이 2013년 6월 말, 한·중 정상회담에서, 하얼빈역에 안중근 의사의 기념비를 설치하기 위한 시진핑 중국 주석의 협력을 요청하였다. 시진핑 주석은 "관계 부서에 검토하도록 지시하겠다"라며 긍정적으로 대답했다고 한다. 이토 히로부미 암살 현장에 기념비를 마련하여 한민족의 영웅을 기리는 것을 염원하고 있는 것이다.

2. 안중근 의사 기념실

2006년 7월 1일부터 대외적으로 개방된 전시관의 면적은 500㎡이며, 그 중심에 안중근 동상이 있다. 기념실에는 총 300여 점의 전시품이 진열되어 있으며, 그 중에서 안중근 고인의 필적 8점, 주은래, 손문 등 유명인들의 평가문이 12점, 서화 30여 점, 안중근을 기념한 이벤트 사진 90개 그리고 조각과 예술품 수 점이 소장되어 있다.

2006년 7월 1일에 기념관이 개관된 이후, 방문객은 10만여 명을 넘어섰고, 매년 8,000여 명이 방문하여 하얼빈 애국 교육 역할을 해왔다고 볼 수 있다. 안중근 의사 기념실에서는 사무실 주임 전옥순(53세) 씨가 안내해주었다. 나는 졸저『이조도자기와 도공들』과 안중근 의사에 대해 글을 쓴『Korea Today』3권을 기념실에 기증했다.

1) 안중근 의사의 동상

동상은 안중근 의사 거사 100주년을 기념하여, 하얼빈시 조선 민족 예술관이, 중국 광둥성 미술가 협회의 회원인 조각가 뢰석강 선생에게 의뢰하였다. 동상은 2009년 총 5개월(8월~12월)에 걸쳐 제작·완성되었다. 동상의 높이는 2m 20cm, 무게는 300kg에 달한다. 이 동상은 역동적이고 자유로운 표현 기법으로 안중근 의사의 훌륭한 모습을 묘사했다. 또 개괄적·사실적으로 제작된 조형은 안중근 의사의 기개와 강건한 성격을 표현하고 있다. 동상의 훌륭한 모습은 한 걸음을 앞으로 내딛고 있는데, 이는 정의를 위해서라면 추호도 주저하지 않는 것을 표현하고 있다. 오른손에 모자를 거머쥔 모습은 죽음을 무서워하지 않는 단지동맹을 의미하고 있다.

긴 외투차림에 힘차게 걷는 모습은 전체적으로 자유로움을 표현하고 있다. 안중근

안중근 의사의 동상

의사 동상의 토대는 한반도의 지도로 되어있어, 안중근 의사의 생애를 나타낸다.

2) 안중근 의사 기념관과 하얼빈역의 표시

하얼빈역의 1번 플랫폼 위에 안중근의 거사 현장이 있다. 2006년 7월 역 귀빈실의 출구 북측 5m의 플랫폼에 짙은 색채의 대리석 지면에 2개의 칼라석판이 깔려 있다. 그 중의 하나가 삼각형 석판이며, 안중근 의사가 사격한 지점이다. 또 하나의 사각형 석판은 이토 히로부미가 총격당해 넘어진 지점이다. 이 특별한 표시에 의해, 안중근의 장거가 기록되어 있다. 이러한 표시석판도 이번에 농후한 색채로 바뀌었다.

3) 조린공원의 안중근 시비

2006년 7월, 하얼빈시 조린공원의 서쪽에 청초당을 제작하고 그 위에 높이 1.26m
의 시비를 세워 안중근 의사를 기념했다. 기념비 전면에는 안중근 의사의 필적인
'청초당'이라는 세 글자가 새겨져 있고, 후면에는 '연지'라는 두 자가 새겨지고 있다.
이 두 글자도 안중근의 유언에서 선택한 것이다. 안중근 의사 유언에 "내가 죽은 다
음 그 뼈를 하얼빈 공원 곁에 묻어 우리나라의 국권이 회복되면 고향에 돌려주면
좋겠다. 내가 천국에 가고 나서도, 물론 우리나라의 회복을 위해서 힘을 다할 생각
이다." 이 공원이 바로 지금의 조린공원이다.

4) 안중근 의사 기념관

신기념관은 2014년 1월 19일, 이토 히로부미 암살 장소인 중국 동북의 하얼빈역내
에 개관했다. 기념관의 개관 준비는 하얼빈시와 동시 철도국이 공동으로 실시하여

하얼빈 역의
안중근 의사 기념관

안중근 의사 기념관 내부

2013년 11월부터 비밀리에 본격적으로 진행해 왔으며, 역의 귀빈실의 일부 약 200㎡ 를 개조하여 설치했다. 사건 현장인 플랫폼이 직접 보이도록 설계되었고, 안중근 의사의 생애나 사건에 관한 자료와 사진을 전시되었으며 일부 전시물에는 한글로 설명이 되어 있다. 기념관은 무료로 견학할 수 있다.

개관은 '전격적'이라고 보도되어 한중 양국이 "수면 아래에서 조정해 왔다"라고 하고, 기념관의 공사도 비밀리에 진행되어 1월 19일의 개관식에는 흑룡강성의 부성장을 시작으로 중국 측 인사들만이 참가했다고 전해졌다.

지난 2006년 1월, 중국은 하얼빈역의 중심부에 세워진 안중근의 동상을 "중·일 관계에 영향을 줄 가능성이 있다"라고 하여 강제 철거했다. 그러나 2014년 1월 19일

안중근 의사 흉상

에 개관한 기념관의 입구에는 중국의 조각가 작품인 안중근 의사의 흉상이 당당히 설치되어 있었다. 또한 안중근이 거사 직전에 하얼빈에서 보낸 11일간을 그림으로 설명한 안내판도 있다.

2014년 3월 24일, 시진핑 중국 주석과 한국의 박근혜 대통령이 핵안보정상회의 출석을 위해 네덜란드를 방문하여 한·중 정상회담을 가졌다. 시진핑 주석은 한국 독립운동가 안중근 의사를 칭송하는 기념관에 대하여 "건설은 내가 직접 지시했다"라고 박 대통령에게 말했다고 한다. 또 조선 항일부대가 주둔했던 중국 협서성·서안에 새롭게 비석을 건설 중인 일도 분명히 했다.

박근혜 대통령은 감사의 뜻을 표명함으로써 역사 인식 문제로 대립하는 일본을 견제

했다(『요미우리신문』).

박근혜 한국 대통령이 2013년 6월에 방중했을 때 기념비 설치를 요청한 것에 대해 중국 측은 대규모 기념관의 설립으로 응한 것이다.

내가 2014년 5월에 기념관을 방문했을 때, 관계자로부터 기념관을 이후 더욱 확대한다고 들었으며, 많은 한국인 관광객들이 견학하러 오고 있었다.

내가 기념관에서 바라본 플랫폼 위의 암살 현장에는, 사건의 일자(1909년 10월 26일)를 나타낸 플레이트가 새롭게 삼각석판상부의 천장에 매달려 있었다.

'안중근 의사 기념관'의 책임자, 서학동 하얼빈시 문화 · 신문 국장의 인터뷰 발언은 다음과 같다. "안중근 기념관의 가장 중요한 목적은, 일본 침략의 역사를 되돌아보고 직시하고자 하는 것이다", "기념관은 안중근의 항일 거사와 동양평화론을 널리 알림으로써 일제 침략전쟁에 반대하여, 세계평화를 강조하는 역할을 완수할 것이다. 안중근은 한국인뿐만이 아니라, 중국인도 존경하는 영웅이다", "손문(孫文)이나 주은래(周恩來) 등, 중국의 이전 지도자들도 안중근을 추도하고 있다."

흑룡강성의 손요 부성장은 개관식에서 "역사를 기억시켜 평화를 소중히 하고, 과거를 재차 검토해서, 미래를 전망하는 것을 목표로 하는 것이다"라고 강조했다.

안중근 의사는 이토 히로부미를 암살한 다음 해, 30세 나이에 사형이 집행되었다. 일본정부는 '범죄자'라고 보고 있지만, 한국에서는 '항일의 의사'로서 영웅시하고 있다.

내가 1년 전에 방문했을 때 '안중근 의사 기념실'은 기념관 신설 후, 그 활동을 일시 휴지하고 있다고 들었다. 그 기념실로부터 한 명의 여자 사무원이 기념관으로 옮겨 와 한글 통역을 하고 있었다. 그리고 기념실에 있던 다른 종사원들은 '조선민족예술관'내의 '조선민족박물관'으로 옮겼다고 한다.

○ 안중근

1879년, 한반도 황해도 해주의 양반 집안에서 태어나 17세 때 크리스트교에 입신하였다. 중국의 상하이와 러시아의 블라디보스토크에서 의용군을 조직하는 등 항일 활동을 실시했다. 1909년 현재의 중국 흑룡강성 하얼빈역에서 초대 조선 총감을 사살하고 다음 해에 사형 판결을 받아 여순 형무소에서 처형되었다. 그 유골의 소재는 아직도 불명인 채이다.

3. 음악가 정율성 (1913~1976)

정율성은 중국에서 유명한 음악가이며, 성악가, 작곡가로서 동요, 예술가곡, 군가 등 370여 개의 노래를 작곡했다. 중국 국민의 80% 이상이 그의 노래를 부를 수 있다고 하며, 중국 3대 작곡가의 한 명으로 칭송받고 있다. 또 중국 인민 해방군 군가 등 사기가 드높은 많은 곡을 남겼다. 그 군가는 지금도 불린다.

정씨는 전라남도 광주 출신으로 현재 그의 따님은 중국 북경에 거주하고 있다.

나는 2013년 10월에, 하얼빈시에 있는 '인민음악가 정율성기념관'을 방문하였다.

기념관은 하얼빈 시민정부 외 2개의 하얼빈 행정기관이 공동으로 건설하여, 2009년 7월 25일에 개관했다. 정율성은 1953년 흑룡강성 안령지역에서 생활을 했을 때, 〈흥안령상 눈꽃표〉, 〈행복한농장〉, 〈소흥안령송〉 등의 노래를 창작하였다.

1939년에 중국에서 작곡한 〈팔로군 행진곡〉은 중국정부가 〈인민해방군 노래〉로 명칭을 변경해, 정식 군가로서 지금도 널리 불리고 있다고 한다. 정율성이 작곡한 〈옌안송〉도 높이 평가되고 있고, 그 밖에 많은 오페라나 가곡이 있다. 정율성은 해방 후, 북한에 5년 정도 체류하여, 조선음악대학 작곡 부장 등을 맡았다.

중국정부는 2009년 건국 60주년을 기념하여, 중국인 1억여 명의 투표에 의해, 정율성 씨를 '신중국창건의 영웅 100명'으로 선택, 추대했다.

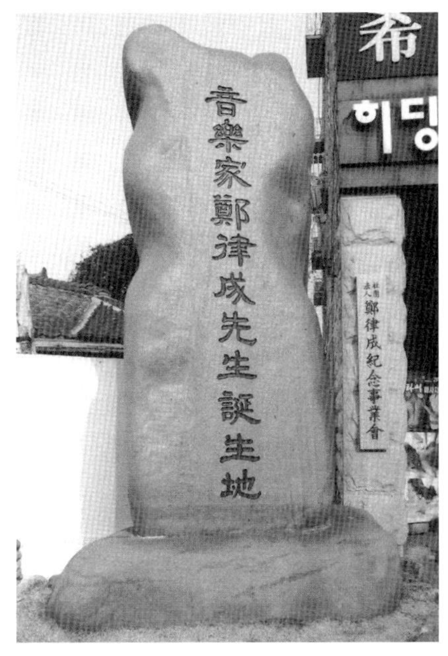

정율성 흉상

정율성 탄생지비

1) 정율성 선생 탄생지비와 흉상의 건립

2006년 6월, 중국 현대음악의 아버지로 알려진 조선족 작곡가 정율성(1914~1976) 선생의 탄생 기념비가 생가터인 광주 히딩크 관광호텔에 지어졌다. 이 비는 높이 4~5m로, '음악가 정율성 선생 탄생지'라는 글자가 새겨져 있다. 탄생비제막식에는 광주 시장을 비롯하여 하동종친회나 주민 등 500여 명이 참가했다.

또 2009년 2월, 광주시 양림동의 아파트 입구에 정율성거리를 지정하여 거리 기념관을 지었다. 중국의 조각가 뢰석강 선생의 설계에 의한 흉상은, 정율성이 펜을 가지고 오선보를 쓰면서 작곡하고 있는 모습을 표현하고 있다. 이 날의 행사에는 중국 영사관이나 남광주 청년회, 남구청장, 주민 등 200여 명이 참가했다고 한다.

2005년 11월, 한국 광주문화예술회관에서 제1회 광주 정율성 국제음악제를 개최하였는데, 광주시는 2005년(1회)부터 2013년(9회)까지 정율성의 음악제나 축제를 시가 주관하여 대대적으로 국제적인 음악 행사로 진행하고 있다.

2) 음악가 정율성

2014년 5월 13일, 나는 하얼빈 2차 방문에 즈음하여, 하얼빈 시내에 있는 음악가 정율성기념관을 다시 방문했다. 입장료는 무료로, 2명의 접수 직원은 개장 시간이 아님에도 불구하고 정중하게 안내해 주었다. 기념관내에는 음악가의 항일운동사나 작곡사 그리고 왼팔을 강건하게 추켜올린 흉상이 진열되어 있었다.

한국에서는 정율성을 '신중국 창건 영웅 100명'으로 선정되어 중국의 3대 현대음악가의 한 명으로 여겨지는 자랑스러운 한국인으로 칭송하고 있다. 그러나 정율성은 한국전쟁 때 중국 공산군으로 참전, 북한의 공식 군가로서 불려진 〈조선인민군행진곡〉을 작곡하여 김일성 주석에게 바친 인물이며, 친북 용공의 작곡가로서 경계되었던 시기도 있었다. 그러나 음악가로서의 재능과 출신지 광주시 주관의 음악제나 축제를 통한 선전 활동 등에 의해 최근에는 한국에서도 그의 위상이 높아지게 되었다. 북경에 거주하고 있는 정율성의 딸 정소세 씨도 광주시의 정율성탄생지비를 방문하였다. 그 외에도 많은 중국 관광객들이 광주시를 방문하여 정율성탄생지비에 참배하고 있다. 나도 작년, 히딩크 관광호텔 주차장에 있는 정율성탄생지비를 참관했다.

또 음악가 정율성의 흉상이 광주 남구 양림동의 아파트 입구, 정율성로에 새워지고 있다.

중국에서 유명한 음악가·작곡가로서 동요, 예술 가곡, 군가 등 370여 곡의 노래를 작곡했다. 그 중에서도 정씨가 작곡한 〈옌안송〉과 〈인민해방군노래〉 등은 명곡으로서 지금도 중국에서 높게 평가되고 있다.

○ 정율성

1914년 7월 7일, 한국의 광주에서 5남 3녀의 5남으로 태어난다. 최초의 이름은
정부은. 1933년 항일운동에 가담한 형을 따라 중국으로 건너가 남경, 상하이 등을
전전하며 작곡과 성악을 배웠다. 1937년 노신예술학교에서 작곡을 전공하였으며,
1939년에 중국 공산당에 입당, 〈옌안 송〉, 〈팔로군군가 노래〉 등을 작곡 발표했다.
1941년 중국인 정설송과 결혼하여 장녀를 낳는다. 평양에서 만든 작품으로는 〈조
선인민군행진곡〉, 〈두만강〉, 〈동해어부〉 등이 있고, 가곡 가극, 영화 음악 분야 등
에서 많은 작품을 남겼다. 1976년 12월 7일에 향년 62세로 북경에서 사망했다. 중
국의 혁명 음악가로서 숭배되어 팔보산 혁명공동묘지에 매장되었다. 묘비문은 부인
정솔성 씨에 의한 것이다.

재일 문화인 중에서 정율성 선생과 필적하는 음악가가 배출되지 않는 것은 일본
사회의 폐쇄성 때문이라고 생각된다.

문헌〉

1) 『안중근 의사』, 흑룡강조선민족출판사.
2) 「음악가·정률성의 흉상, 한국으로 떠난다」, 『길림성신문』 2009.7.18.

(2014.5.29.)

20. 중국 동북의 하얼빈 기행 (3)
- 올리브산, 임마누엘교회, 민족병원과 좋은양로원 -

2014년 5월 13일, 나는 중국 동북의 하얼빈을 방문하여, 중국 벧엘교당의 소개로 이 시에서 가장 큰 조선족 임마누엘교회를 방문하고 주임 목사와 만났다. 하얼빈 교외에는 성서에도 기록되어 있는 예루살렘의 올리브산을 재현한 감람산이 있다는 사실을 알게 되었다. 또한 하얼빈시 조선민족병원을 방문하여 병원 내부를 견학했다.

2014년 10월 11일~13일, 중국 동북부의 하얼빈시를 다시 방문하여 하얼빈 교외에 있는 올리브산(감람산, 橄欖山)을 시작으로 임마누엘 교회와 동포가 운영하는 양로원을 안내 받아 방문했다.

1. 임마누엘 교회

중국어로는 '以馬內利教堂'이라고 쓴다. 하얼빈의 임마누엘교회는 2005년에 창립되어 신도수는 한족 약 2,800명, 조선족 약 270~280명이다. 목사는 이홍일(48세) 씨로, 조조부 시대에 황해도 한산에서 만주로 이주해 왔다. 나의 저서 『중국, 중앙아시아, 러시아 극동에의 여행』(슈쵸사)과 잡지 『Korea

임마누엘교회

임마누엘교회 리홍일 목사(우)와 필자

Today』 2014년 5월호를 드리니 몹시 기뻐하며 우리를 2층의 넓은 예배당으로 안내했다. 그리고 하얼빈 교외에 지어진 『감람산-The Healing Mounty of Olieves』이라고 하는 책을 기증해 주셨다. 그 날은 화요일이어서 교회 예배는 없었으나, 우리와 목사실에서 잠시 담화한 후, 목사는 우리를 가톨릭 성당과 같은 본 교회의 정면까지 안내해 주셨다.

이 교회의 접수대에 있던 중국인 신자들도 매우 친절하였고 교회 차고에 대형 버스를 3대나 보유하고 있었다. 그만큼 신자수가 많다는 것을 의미한다. 지금까지 내가 관찰한 중국 동북의 조선족 교회 중에서는 100년의 역사를 가진 연길교회가 가장 크고, 하얼빈의 임마누엘교회가 그 다음이라 생각된다.

2. 예루살렘의 올리브산

올리브산은 이스라엘의 예루살렘 동교의 언덕에 있다. 구약 성서 및 신약 성서에서 가끔 언급되어 감람산이라고 번역된다. 표고는 825m, 예루살렘의 구시가보다 수십 미터 높다. 예부터 올리브밭이 있었기 때문에 이 이름으로 불린다. 산허리는 다윗왕 시대부터 유태인의 묘지가 조성되어, 시야를 가로막는 것이 없기 때문에 구시가지를 내려다보기에 절호의 전망대다. 예수는 이 산을 넘어 예루살렘에 입성해, 십자가에 매달려 수난을 받는 전야에 이 산의 기슭에서 기도한 후 체포되었다. 이윽고 부활한 모습으로 제자들 앞에 나타나 승천했던 것도 이 산의 정상이라고 전해진다.

구약 성서와 신약 성서의 누가복음서 21장 37절, 마태복음서 24장 3절에는 올리브산의 기록이 있고, 누가복음서 22장 39절에는 올리브산이 예수가 체포되기 전에 마지막 기도를 올린 장소로 되어 있다.

올리브산에서는 시온의 동산이 보이며 오른쪽으로 마리아 영안교회, 왼쪽에는 개명교회가 보인다. 또 십자군이 세웠다고 하는 마지막 만찬의 방이나 올리브산교회가 있고, 북서쪽 산기슭에는 만국민의 교회와 겟세마네 정원이 있다. 겟세마네 정원에는, 예수 시대부터 내려온 올리브 고목이 남아 있다. 시온의 동산에서 크게 눈에 띄는 큰 교회가 마리아 영안교회이며, 이곳은 성모 마리아를 모시기 위해 1910년에 지어졌다.

3. 하얼빈의 올리브산

하얼빈 교외에 있는 올리브산(감람산, 橄欖山)은 2006년에 중국 하얼빈의 중국 그리스도교 협의회, 3개의 애국 자선단체 및 하얼빈시의 그리스도교회가 공동으로 출자하여 헨트우 산록의 삼림 13만㎢를 구입한 것이 그 건설의 시작이다. 여기는 하얼빈시로부터 60km 떨어져 있다.

감람산 예배당

　하얼빈 올리브산에는 교회를 세워, 넓은 예배당과 회의실, 연수실, 음악실, 식당, 호텔 같은 침실이나 대합실 등이 정비되어 있다. 현재 하얼빈 올리브산의 담당자는 하얼빈시 남강기독교회의 리미란 목사(조선족)라고 한다.

　아시아에서는 하얼빈시 이외에 감람산을 재현한 도시는 아직 없는 것 같다.

　간사이 한국 YMCA 아시아 청소년 센터의 김홍명 씨는 "일찍이 일본에서 온 스텝 두 명과 예루살렘의 올리브산을 예루살렘 구시가로부터 걸어 올라간 적이 있었는데, 그리 높거나 험하지 않아 하이킹 하는 기분으로 올랐습니다. 도중에 한글이 적힌 한국 관광버스도 많이 보였는데, 한국에서 성지순례로 온 것 같았습니다."라고 감상을 말하기도 하였다.

감람산 예배당 내부

앞으로 하얼빈의 올리브산도 그 지명도가 높아짐에 따라, 한국이나 일본에서 성지순례 버스투어가 실시될 것으로 생각된다.

4. 올리브산 기도원의 기적

하얼빈에서 70 여㎞ 떨어진 헝투산(橫頭山) 약 100만㎡(30만여 평) 대지에 예배당과 신학교 생활관 등 5동의 건물을 마련, 2006년 8월 문을 연 곳이다. 하얼빈시 교회와 목회자들의 연합체인 '하얼빈 양회'가 관리하고 있다. 리 목사의 남편이자 동역자인 위더즈(呂德志) 목사는 기도원 건립을 위해 모든 재산을 내놓았다.

위 목사는 "이곳을 통해 수많은 사람이 복음의 능력을 체험할 수 있을 것"이라고

감람산 교육기지 입구

밝혔다. 이 목사도 "영적 갈증을 느끼는 많은 중국인들을 위해 기도하던 중 이 기도원을 세우게 됐다"면서 "우리는 모든 과정을 하나님의 은혜와 섭리로 받아들이고 있다."고 설명했다.

실제로 감람산 기도원에는 하나님 손길의 흔적이 있었다. 부지를 구입하고 난 뒤 땅값이 몇 배로 뛰는가 하면, 절묘하게도 기도원 옆으로 고속도로가 닦이고 진출로까지 만들어졌다. 뿐만 아니라 휴대전화 송신탑 설치를 위해 30만 위안을 요구하던 기관에서 오히려 땅 사용료 3만 위안을 내놓고 송신탑을 세우는 일까지 생겼다. (서울기독교신문)

5. 감람산의 신학교

중국에서는 올리브산을 감람산 또는 감람산기도원 이라고 칭한다. 성서에도 나오는 올리브산의 연원은 예루살렘 교외에 있는 올리브산에 있다. 이 신학교를 나오면 목사가 될 수 있고, 중국 정부로부터 인정을 받는 신학 대학이라 정부로부터 공식적인 목사 자격이 주어진다.

나는 올리브산 부지 내를 힘차게 걷고 있는 중국의 신학생들을 보았다. 또한 우리를 안내해 준 2명의 젊은 한족 여성들도, 매우 친절하고 밝았다. 임마누엘 교회의 리홍일 목사로부터 점심 식사를 대접하란 부탁을 받아 그 준비가 되어 있으므로 우리를 식당으로 안내하겠다고 말했다. 그러나 우리는 하얼빈 시내에 있는 임마누엘 교회의 주일 예배에 참석할 예정이었으므로 조속히 귀로에 떠났다.

아시아의 제국, 중국에서는 기독교 탄압이 심하다. 중국의 삼자교회는 정부 지시에 따르는 어용이다. 중국의 기독교인은 주로 장년층이며 경제적, 사회적 하층민이다. 중국 교회와 성도들에 대한 많은 이들의 인식이 그러하다. 하지만 최근 중국 혜이룽장성 하얼빈시의 상황은 그와 다르다. (서울기독교신문)

○ 조선족 리목사와 한족 위목사

리(李美蘭) 목사와 위(呂德志) 목사는 심양의 동북신학교 학생으로 만나 주의 종으로서 평생을 동역하기로 하고 부부의 연을 맺었다. 이후 한국에 들어와 장로회신학대에서 공부하기도 했던 리 목사는 "목회자의 길을 가면서 전능하신 하나님, 사랑의 하나님을 끊임없이 느낀다."고 밝혔다.

리 목사는 중국 교회에 대한 외부의 인식에 대해서도 나름의 해명을 했다. 그는 "우리는 정부의 통제를 받지 않고, 위법하지 않는 한 마음대로 복음을 전할 수 있다."면서 "한국 목회자와 성도들이 오해하는 경우가 있지만 중국인들은 자유롭게 신앙생활을 한다.”고 말했다. 위(呂) 목사도 “중국의 많은 지식인과 전문인들도 기독교 신앙을 갖고 있다”고 부연 설명했다. 그 자신 한족으로서 상당한 재력을 가진 이른바 명문 집안의 일원이라는 것이다.

리 목사와 위 목사 부부는 중국 13억 인구 가운데 1억여 명이 기독교인이라는 설에 대해선 고개를 갸웃했다. 리 목사는 “집계되지 않은 추정치일 뿐”이라며 “그러나 중국의 기독교 인구는 급속도로 늘어나고 있다.”고 말했다. 이어 “한국교회가 앞장서서 중국 선교를 이끌기 보다는 뒤에서 도와주는 게 바람직하다고 본다.”고 조언했다. (서울기독교신문)

6. 하얼빈시 조선민족병원

현지에서는 민족병원을 민족의원이라고 칭하고 있다. 중규모의 종합병원으로, 창립은 1951년 4월, 의사 수는 24명으로, 그 중 여 의사는 6명이다. 원장은 손용(50세, 외과의, 한족) 씨이며, 부원장은 김용철(51세, 외과의, 조선족) 씨와 김강(56세, 행정 담당, 조선족) 씨의 2명이다.

7. 좋은양로원(招恩養老院)

하얼빈시 송북구 북진홍광촌에 있는 좋은양로원을 방문했다. 경영자로 이사장인 유문순(63세) 씨와 이사 임상복(63세) 씨가 우리를 입구에서 맞이해 주셨다. 좋은 양로원에는 현재 20여 명의 조선족 고령자가 입소해 있다. 정부의 지원이나 경제 원조는 없고, 개인경영이라고 한다. 입소 비용은 1인당 1개월에 800~900위안이고 비싼 경우에는 1,500~2,000위안이다.

좋은 양로원

면담한 2명의 입소자:

1) 리기순, 95세 여성

중국 동북부의 심양에서 태어났다. 형제는 남자 5명, 여자 5명이며, 한자는 부친으로부터, 한글은 오빠로부터 배웠다고 이야기했다. 이곳에서 붙여진 별명은 박사로, 많은 책을 읽어 지식이 풍부한 것 같았다.

2) 정옥선, 87세 여성

12세 때, 경상북도 영천군으로부터 어머니를 따라 기차를 타고 중국에 왔다. 오빠는 3명이고 부친은 7세 때 사망했다.

이 양로원 안에서, 고령자들은 서로 교류하면서 대화하여 얼굴이 밝아지고 원기를 얻고 있는 것 같았다.

문헌 〉

1) 올리브산: 프리 백과사전 「Wikipedia」
2) 감람산, The Healing Mount of Olives : 하얼빈 기독교 교회.
3) 中 하얼빈시 중국인교회 목회현장을 가다. 기독교신문, 2010.5.13.

(2014.12.10.)

21. 중국 동북부 여행

- 치치할시와 장춘시 -

2014년 5월 10~13일, 나는 중국 동북부에 있는 흑룡강성(黑竜江省)의 치치할시와 길림성(吉林省)의 장춘시를 방문했다. 치치할시에서는 조선족의 농촌, 교회와 중학교 그리고 장춘시에서는 길림 대학병원, 문화 시설 및 교회를 방문하는 것이 주된 목적이었다.

1. 치치할시

치치할은 만주어로 '변경' 또는 '자연의 목장지'를 의미한다. 치치할은 중국 흑룡강성의 지급시(地級市)이며 성내에서 제2의 대도시이다. 시구 인구는 112만 명, 도시권 인구는 143만 명이다. 청나라 시대에는 흑룡강 장군이 주재하여 흑룡강성 지구의 중심지로서 번영했으나, 청 말에 동청 철도가 건설되면서 물류가 하얼빈시로 이동하여, 현 중국 수립 후 성도 역시 하얼빈으로 이전했다. 지금도 흑룡강성 서부의 정치, 경제, 문화의 중심지이다. 치치할시에서 가까운 곳에 있는 대경 유전은 1950년대에 발견되어 석유 생산량은 연간 54만 톤에 이르며, 이는 중국 총 생산량의 1/2에 달한다. 치치할까지는 하얼빈에서 기차로 편도 3시간 반이 소요되었다.

1) 명성마을(明星村)의 역사와 기독교회

명성마을은 치치할시 용사구에 위치하며, 이 시를 휘감아 흐르는 연강(嫩江)의 물에 의지하여 조선 이주민들은 벼농사를 지었다. 이 치치할 시내에는 연강을 사이에 두고 남북에서 서로 마주 보면서 서로를 '남조선', '북조선'이라고 부르는 두 마을이 있다. 때로는 치열하게 경쟁하고 때로는 따뜻하게 교류하기도 하는 두 마을에는 경상도 출신의 조선족과 그 자손들이 살고 있다.

명성마을은 주민들이 '남조선'이라고 부르는 마을로, 마을 주변의 농지를 벗어나면 연강이 보이며, 강 너머에는 '북조선'이라고 부르는 선명마을(鮮明村)이 있다. 경상도 출신자는 이른 시기에 만주로 이주한 경우도 있는데, 청의 말기인 1910년대, 랴오닝성 항인시(遼寧省桓仁市)에 천 호가 넘는 경상도 사람들이 이주해 있었다. 그러나 자발적으로 이주한 사람들과 달리, 대부분의 명성마을 주민들은 만탁(滿州開拓団)이 조직한 개척단에 속해 북 만주에 이주한 농민의 자손이다. 치치할로부터 멀지 않은 마을들은 일본이 1936~38년경, 대규모 개척단을 조직한 곳이며 거기로부터 꽤 많은 주민이 후에 명성마을로 옮겨 왔다.

2) 노인회와 명성교회(明星教会)

명성마을 행정부 사무실의 안내로 명성교회에 가까운 노인회 회장, 최응복(69세)씨의 집을 방문할 수 있었다. 최응복 회장의 가족은 80년 전인 조조부 세대에 도만하였는데, 현재 최 회장은 독거 중으로 부인과 두 자녀들은 한국에 객지벌이를 하러 갔다. 명성교회의 토지는 최 회장이 제공하였다 하며, 노인회의 회원은 60명으로 한 달에 2회, 15일과 30일에 노인 회관에서 회합을 열고 있다고 한다. 명성마을 방서기(고인)가 신문에서 "개화 개방으로 중국 사회는 성장했지만, 조선 사회는 몰락했다. 많을 때는 재학생 수가 200명이 넘던 초등학교도 작년에 문을 닫았다"라고 말하고 있듯이, 중국의 젊은이나 어른들은 취업 목적으로 한국이나 중국의 대도시로 이주하고 있다. 명성교회는 일요일임에도 불구하고 교회 신자의 모습이 보이지 않았고, 예배도 올려지지 않았다.

명성교회는 1993년에 창립되었으나, 마을 인구 감소로 현재는 치치할 시내에 있는 은광교회(김태성 목사)의 윤춘화 전도사가 한 달에 두 번 이 교회에 와서 설교를 하고 있다고 한다.

3) 리동매(李冬梅) 씨

나와 여행 가이드인 원씨가 하얼빈에서 기차를 타고 치치할역에 도착했을 때 역의 출구에서 한 부부가 우리를 기다리고 있었다. 28세의 그녀는 조선어를 유창하게 구사하였고, 민족의식이 강한 여성이었다. 현재 공안국 경무과에 근무하고 있으며, 남편은 대학 법학부의 동급생 우씨(한족으로 변호사)이다. 리동매 씨는 중학교까지 민족학교에 다녔으며, 남편은 3년간 재수를 하고 변호사가 되었다고 이야기했다. 현재 한국에 객지벌이를 하러 나가 있는 부모님은 딸의 한족과의 결혼에 반대했다고 한다. 그녀는 나에게 다음과 같은 질문을 해왔다. "당신은 의사면서, 어째서 온 세상의 동포를 방문할 마음이 생겼습니까. 재일동포와 일본인과의 혼인율에 대해서는 어떻습니까." 나는 "우선, 그것은 고향의 자연과 우리 조모의 메시지에 의한 것입니다. 그리고 재일 젊은이들과 일본인과의 혼인율은 80% 전후로 비슷합니다"라고 대답했다. 그녀는 웃는 얼굴로 우리를 정중하게 치치할 시내로 안내하고, 그 밖에 교회나 조선족 중학교 그리고 아름다운 풍경의 연강(嫩江)공원으로 대려다 주었다. 특히 연강은 글자 그대로 '부드럽고 아름다운' 대하였다. 내가 그녀를 안 것은 이전의 하얼빈 여행 때, 서울에서 하얼빈으로 향하는 비행기내에서 서울로부터 일시 귀국한 모친, 맹씨와 우연히 만난 덕분이다.

4) 치치할시의 기독교회

우리가 최초로 방문한 곳은 '성미록교회'라고 하는 작은 교회이며, 예배를 드리러 와있던 신도 수도 10명 정도의 소수였다. 그러나 교단에 서서 조선어로 강력하게 설교하는 젊은 목사의 모습은 인상적이었다.

　　○ 은광교회(恩光教会)

이 교회가 치치할시에서는 가장 크고, 신도 수는 조선족 약 40명, 한족 약 1,600명으로, 본부 교회 외에 2개소에 한인 교회가 있다. 다만, 목사는 조선족 출신이다. 목사는 김태성(金太成) 씨로 52세. 1943년, 그의 가족은 그의 부친이 12세 때 만주로 건너 왔다. 경상남도 해남에서 수전경작의 목적으로 이주 당했다고 한다. 일제강점기 강제로 일가에서 한 명이 선택되어 만주행을 강요받았다고 한다. 김태성 목사의 조부가 그 한 명으로 차출되었다. 1945년, 일본의 식민지배로부터 해방되었으나 귀국할 수 없었다고 한다. 김 목사는 동북신학원을 졸업하고, 서울의 강신대학 석사과정을 수료하였다.

은광교회의 윤춘화 전도사는 아버지가 강원도 출신으로, 은광기독교회본부에는 40여 명의 신도 중 상시 교회의 예배에 참석하는 것은 20여 명 정도 된다라고 이야기했다. 내가 오후의 예배 시 교회 내에서 본 조선족 노인들의 인원수는 7명 정도로 남성 노인은 1명뿐이었다.

5) 조선족 중학교

나는 중학교 교문을 통과하여, 초록 잔디가 펼쳐진 운동장 앞에 서서 4층 건물의 교사, 조선족 민족교육관과 한복을 입고 앉아있는 여성의 흰색 조각상 등을 바라보았다. 조선예술축제가 2년에 한 번 조선족 중학교와 치치할 민족문화관의 지원으로 개최되고 있는데, 2014년에는 5번째를 맞이하며, 치치할시의 약 1만 6천 명 동포의 뜨거운 관심과 참여가 기대된다.

2. 장춘시(長春市)

　장춘시는 중국 길림성의 성도이며, 시구 인구는 358만 명, 도시권 인구는 750만 명의 대도시이다. 길림성 정부가 소재해, 성내의 정치, 경제, 문화의 중심지이다. 하얼빈역에서 장춘시역까지는 중국 신간선 열차로 편도 1시간이 소요된다.

　장춘 시내의 조선족은, 소수민족으로서는 만주족(15.3만 명, 2012년) 다음의 인구(5.3만 명)를 가지고 있다. 길림성 전체의 조선족인구는 104만 명, 그 중 80만 명 이상이 두만강을 경계로 북역과 서로 마주 보는 연변조선족자치주에 살고 있다.

　조선 북부로부터 중국 동북부에의 조선인 이민은, 자국의 자연재해나 기아를 계기로 1860~70년대부터 증가하기 시작해 19세기 말에 청조가 만주의 봉금정책을 철폐한 이후 많은 가난한 조선 농민이 두만강, 압록강을 넘어 연안에 정착했다. 게다가 1910년의 일본에 의한 조선 병합 후, 압정이나 빈곤을 피하기 위한 조선 이민이 급증했다. 1932년 관동군에 의해 ‘만주국’이 건국된 후에 식민 정책에 의한 계획적인 조선인 이민이 추진되었고 1945년 ‘만주국’ 내의 조선인 인구는 216만 명을 넘어섰다.

　신중국의 성립 후, 현재 장춘시에는 조선족 중학교(일본의 중학교와 고등학교에 해당한다)와 조선족 초등학교에서 민족 교육을 실시하고 있다.

　장춘시 주변에는 공주령시(公主領市), 구대시(九台市) 등이 있어, 그곳에도 조선족촌이 있다. 공주령시에는 20년 전 한국에서 온 승려 석벽송(釈碧松)이 세운 ‘흥융묘온사(興隆妙音寺)’가 있다(니시하라 미쓰오 씨). 이번에 내가 방문한 장춘시의 문화·교육 시설은 ①조선족 중학교 ②창평교회 ③길림대학 제일의원이다. 길림신문도 유명하지만, 방문하려 했던 장춘시 조선족 군중예술관은 신축하기 위해 철거 중이어서 갈 수 없었다.

1) 장춘시 조선중학교

2012년, 한국 민족의 대명절 단오절인 6월 초순, 장춘시와 근교에 대략 2만여 명의 조선족이 이 중학교에 모여 춤사위, 노래, 전통 체육 놀이로 매우 즐거운 축제를 하였다고 한다.

2) 창평교회(昌平教会)

장춘시에서 가장 큰 조선족 기독교회이다. 내가 방문했을 때, 창평교회의 건물은 신축하기 위해 철거 중이었다. 임시 예배당은 모 호텔의 1층과 10층에 있었고, 그 많은 좌석들과 예배당의 넓이에 감명을 받았다. 거기서 한글로 쓰여진 신찬송가 13곡의 팸플릿을 받아왔다.

목사인 이영일(金永日) 씨와는 몇 마디만을 주고받았다. 창평교회의 창립은 2000년, 신도 수는 한족 약 900명, 조선족 약 150명이 된다고 이야기했다.

그 외에 2005년 12월 20일에 창립한 중국 교회의 벧엘교회(伯特利教堂)를 방문했는데, 매우 큰 중국인 기독교회였다.

3) 길림대학(吉林大学) 제일의원

길림성에서 가장 큰 병원이다. 1930년대에 캐나다인 의사 헨리 노먼 베쑨(DR. Henry Norman Bethune, 1890~1939)이 장춘에 와서 창립했다. 지금은 길림대학 부속병원으로 수 만 명에 이르는 중국인 환자가 이 병원을 방문하고 있다. 외래 교수는 72명, 일반 외래 의사는 121명, 검사실 의사는 182명으로 제일의원의 근무 의사는 약 375명에 이른다(백구은일원보 2014년 제5기 신문). 이렇게 큰 규모에 많은 환자들을 수용하는 의료기관은 일본이나 미국에서도 찾아보기 힘들 것이라 생각되었다. 제일의원 1층의 대합실 중앙에는 의사 베쑨의 흉상이 놓여져 있었다. 그 비문의 내용은 다음과 같다.

헨리 노먼 베쑨의 흉상

諾爾曼 白求恩大夫
　　弘場白求恩精神
　　做人民健康衛士
　　陳竺 題 於吉大一院
　　2008年 3月

진축(陳竺): 중국정부 후생 장관.

백구은(白求恩): 헨리 베쑨의 중국명

(번역: 노먼 베쑨, 백구은의 정신을 고양하여 인민의 건강 위병이 되자. 조각문: 진축)

문헌 〉

1) 치치할시(Wikipedia).
2) 「흑룡강성 치치할시 용사구 명성마을(상, 하)」, 『영남일보』.
3) 장춘시(Wikipedia).
4) 「장춘시의 조선족들, 매우 즐거운 단오절 축제」, 『길림신문』
   2012.6.23.

(2014.5.27.)

22. 몽골 의료 봉사
- 수도 울란바토르 -

2013년 5월 16일~20일, 몽골에서 필자는 NGO 의료 봉사 활동에 참가했다.

주최·지원 단체는 서울 소재 '신승교회 몽골 의료선교단'이었다. 서울에서는 약제사, 간호사, 접수 사무원 등이 다수 참가하였고, 담임 목사, 선교사 및 3명의 의사들도 동행했다. 이번 진료 중, 일본에서는 내과의사로서 필자 혼자 참가하게 되었다.

1. 의료 봉사 활동

2일간 진료 및 약제 처방을 한 주민은 700여 명에 달하였으며, 3일째에는 300명의 추가 진료가 예정되어 있었다. 그러나 처방해야 할 약제량이 부족하여, 700명만을 대상으로 진료가 이뤄졌다. 진료 장소는 오전에는 할렐루야교회(Halleluyah Church)의 지하 3실에서, 오후에는 교회에서 멀리 떨어진 스카이병원(Sky Hospital)의 외래였다. 스카이병원을 이용한 이유는, 의료 설비가 정비되어 있고 병원의 홍보를 위해 무료로 2일간의 장소 사용 허가가 났기 때문이다.

대상 주민은 할렐루야교회의 신자와 그 동네 거주민이 대부분이었으며, 전원 몽골인이었다. 중년 이상의 여성이 3분의 2, 나머지는 고령의 남성 및 젊은 여성들이었다.

의사는 내과의 2명, 소아과의 1명, 정형외과의 1명, 총 4명으로 구성되어 정형외과의는 슬관절 등에 진통제를 주사하는 등의 치료를 수행하였다.

처방 약제는 서울의 교회가 한국원화로 500만 원 정도의 자금을 들여 구입하여 출발 1개월 전 미리 발송했으나, 몽골과 중국의 국경에서 약제라는 사유로 일시 압수당했다가 반환되었으나 진료시에는 도착하지 않았다.

필자도 일본에서 많은 약제를 지참하여 갔으나, 결국 수량이 부족하여 필자용 약까지 처방하였다.

내과 질환으로는 ①심부전(비만에 의함) ②요통증 및 양 무릎 관절통(비만에 의함) ③담석증 ④헬리코박터 파일로리균성 위염 ⑤고혈압 ⑥바이러스성 간염 ⑦신장염 등이 많았다. 중년 여성들은 비만이 많아, 평균 체중이 기준체중의 20kg을 넘어서고 있었다.

몽골에서는 환자가 병원을 진찰해, 비록 수술을 받아도, 약을 처방해 주지 않는다고 한다.

2. 할렐루야교회에 대하여

울란바토르에 있는 이 기독교 교회는 1997년, 충청남도 온양에서 선교사로 있던 전용 목사가 몽골에 건너가 창립한 교회이다. 중국의 연길교회 다음으로 큰 교회의 건물은 지하 1, 2층으로 구성되어 있으며, 좌석은 1,200석이나 된다. 건축할 당시 재미 동포의 지원도 있었으나 대부분은 현지 신자들의 힘으로 지어졌다. 현재 신도는 약 1,200명이다. 99%가 몽골 주민이며, 한국인은 2~3명에 지나지 않는다. 울란바토르의 한국인 교회는 '몽골 한인 선교 교회' 외 2개소가 있어, 기업에서 일하는 한국인이나 그 가족 대부분은 다른 한인 교회에 다니고 있다고 한다.

3. 한인 동포수

울란바토르에는 한국에서 이주해 온 한인이 500명 있다. 몽골로의 귀화는 허가되

할렐루야 교회의 일요예배

지 않고 법정에서 심사하며, 또한 몽골 여성과 결혼한 남성이어도 귀화는 힘들다고 한다. 또한 몽골에 회사를 설립한 실업가라도, 1년마다 체재 기간을 연장하여야 한다.

4. 신승교회(信勝教会)에 대하여

서울시 송파구에 있는 본 교회의 신자 수는 7~8백 명으로, 목사는 5~6명이 있는데 담임은 박재준(朴載濬) 목사이다. 매년 선교 담당인 이병희 목사를 중심으로 의료봉사 선교팀을 결성, 해외 봉사활동을 실시하였다. 필리핀에서 수차례 실시했던 의료 봉사 선교활동을 금년도에 몽골에서 진행하였으며 9월에는 필리핀에서 진행할 계획이라 한다.

6년 전, 서울의 신승교회는 몽골의 할렐루야교회에 대형 버스 1대를 기증하였는데, 이번 우리 일동은 이 버스를 탈 수 있었다.

1850년대 이후, 선교를 위해 한국이나 일본에 방문했던 대부분의 선교사는 미국인이었다. 근래에는 한국의 선교사가 그 역할을 담당하여, 인구 100명이 넘는 세계 각지의 마을에서 전도 활동을 벌이고 있다.

5. 전용(全榕) 목사에 대하여

지금으로부터 16년 전인 1997년, 사모님과 단둘이서 몽골의 울란바토르로 이주하였고, 현재 신도 수 1,200명에 달하는 메가(MEGA)기독교교회를 창립하여, 지금까지 번영하고 있다. 필자가 일요 예배에 참석했을 때, 새로운 신도 21명이 소개되었다. 러시아어와 영어로 쓰인 명함에서 자신을 '목사, 선교사'로 소개하고 있는 전 목사는 열띤 설교를 이어갔다. 설교 말미에 다다르면 마이크를 양손에 쥐고, 교단 앞을 종종 걸음으로 이동하면서 신도들에게 향해 큰 소리로 설교하던 것이 인상적이었다.

이러한 설교는 한국이나 일본에 있는 대형 교회에서도 들어본 적이 없었다.

또한 몽골인 찬송가 사회자가 내는 테너목소리는 교회 천정에까지 울려 퍼지고 있었다.

전 목사는 "인간다운 인생을 보내고 싶다"라고 말씀하시며 나의 질문에 대하여, "한국 민족의 뛰어난 점은 ① 결단력이 빠르고 ② 이번 의료 봉사에서처럼 타인에 대해 협조적이며 ③ 국제적으로 활약하고 있는 우수한 문화인이 있다는 점이다"라고 대답했다. 그리고 "몽골에 오게 된 것은 하나님의 의지에 의한 것이다"라고 말했다.

6. 몽골의 여성들

이틀간의 진료 기간 동안 나의 조수 겸 한국어 통역을 맡아준 사람은 바트마 (BADMAA) 씨라는 미인이었다. 이 교회의 신학교를 졸업하여, 현재는 유년부 전도사의 직책을 맡고 있다.

성은 '에르니튼치멕크'로, 너무 길어서 기억하기 어려운 성씨였다. 몽골인의 이름은 복잡하고 부르기 어렵기 때문에 최근에는 이름을 서양식으로 간략화 하는 여성도 있다고 한다. 현재의 몽골에서는 러시아 활자를 사용하며 본래의 세로 문자는 내몽고에서만 사용되고 있다.

바트마 씨는 매우 상냥하고 생김새가 온화하여 옛 한국이나 일본 여성의 모습을 떠올리게 하였다. 최근 한국 남성과 결혼하는 몽골 여성 대부분의 기후나 체형이 한국인을 닮았고 생활력도 있어, 필리핀이나 인도네시아 여성보다 한국에서의 정착률이 높다고 한다.

(2013.6.1.)

23. 몽골의 역사와 국민

1. 몽골의 역사와 정치

몽골은 동아시아 북부에 위치한 국가이다. 동쪽과 남쪽으로 중화인민공화국(중국)과 내몽고 자치구, 서쪽으로 중국과 신강위구르 자치구, 북쪽으로는 러시아 연방과 각각 접하고 있는 내륙 국가이다. 나라 전체가 몽골고원에 속해, 평균 표고는 1,580미터이다.

몽골고원 가운데 청나라 지배하에 있었던 외몽고(중국어로 통칭)로 불린 고비사막 이북 일대를 영토로 차지하고 있다. 이에 대하여, 남부의 일대가 내몽골이며, 현재는 중국령에 속해 있다. 면적은 1,565×1,000㎢(세계 18위) 일본의 약 4배, 수면적률 0.6%, 수도는 울란바토르로 인구의 39%가 집중되어 있다. 인구 총계(2008년) 287×10,000명(135위), 인구밀도는 2명/㎢, GDP 합계(2008년) 52억 달러(152위), GDP 한 명당 3,541달러이다.

몽골 민족 정체성의 기초가 완성된 것은 칭기즈칸의 몽골제국 시대로 사료된다.

1) 역사

역사상 40개국을 정복하였다고 기록되는 칭기즈칸과 그 자손은 금 왕조 정벌을 시작으로, 1211~1227년에 걸쳐 러시아 제공국(諸公國), 티베트, 아트파스, 동아시아의 고려에까지 진군하였다. 돌궐 민족과 몽골 민족의 유목민 국가가 1206년에 정식으로 몽골 국가로 건국되었다. 19세기에는 외몽골에서 내몽골까지 청조의 지배하에 놓여 있었다. 20세기에 들어서 청조에서는 북방 자국령의 인구밀도를 높임으로써 러시아의 침략을 막는 정책을 실시했다. 내몽골에서는 유목지가 중국 한족에 의해 경지로 바뀌어 몽골 민족 중에 반한·독립 감정이 높아졌다.

1911년에 신해(辛亥)혁명이 일어나면서, 외몽골이 많은 지역의 왕후들은 러시아에 독립을 선언하는 등의 활동을 했으나, 내몽골의 대부분 지역이 한인이 거주하는 지역이어서 중국의 지배하에 두려고 하였던 점이나 몽골인 사이에 통일에 대한 의견 분열 등으로 내외 몽골의 합병은 성사되지 않고 서로 다른 길을 걷게 된다.

1917년, 러시아 혁명이 일어난 후, 1924년에 제프튼탄파 8세의 사망을 계기로 인민공화국으로 정체를 변경한다.

1989년 말, 소련·동구의 정세변화에 촉발 되어 몽골에서도 반관료주의·민주화운동이 일어나 수상의 결단에 의해 일당 독재를 폐기했다. 1992년에는 몽골공화국으로부터 몽골로 개칭, 신헌법을 제정하여 사회주의를 완전하게 포기했다. 그러나 민주화 프로세스에 대해서는, 급속한 시장경제화가 진행되어 경제성장을 중시한 결과 부의 재분배가 이뤄지지 않아, 사회 복지 예산을 삭감하는 정책 등으로 인해 빈부 격차가 확대되었다. 자본주의화된 이후 20여 년이 경과한 현재에도, 빈부 격차의 확대는 국가 문제가 되고 있다. 또 사회주의 시대부터 비롯된 관료주의 체질은 민주화 이후에 오히려 악화되었다고 한다.

필자가 바라본 울란바토르의 시가는, 민주화가 진행되어 여성이나 아이들이 깨끗한 복장을 입고 자유롭게 시내를 걷고 있는 모습으로 보였다. 한편, 교통안전 규칙에 서투르고 교통사고가 다발하여, 야간에 홀로 통행하는 것은 위험하다라는 이야기를 들었다. 이것은 민주주의 국가의 자유와 정치 규제의 완화에 의한 것 같았다.

2) 정치

사회주의 시대는 몽골 인민혁명당의 일당 독재체제였으나, 1990년 민주화 이후 자유선거에 의한 복수정당제를 도입하였다. 1992년의 신헌법 공포 후 직접 선거로 선출되는 일원제의 국가대회의와 대통령이 병립하는 이원주의적 의원내각제(반대통령제)를 채용했다. 국가대회의는 그 후 4년마다 총선거를 실시하고 있다.

현지 기업가의 이야기에 의하면, 몽골에는 민주당과 친소련 당, 그 외의 당이 있는데, 지금은 민주당이 정권을 지배하고 있다. 그러나 친소련 당이 인기가 있어 다음 선거에서는 이 당이 약진할 것이라고들 말한다.

3) 기후

전형적인 대륙성 아한대 기후가 지배하고 있다. 연간 강수량은 전국 평균 약 200~250mm, 연간 강우 날짜는 고비 지대에서 약 30일, 한가이 지대에서 40~50일이며, 1년의 300여 일이 맑은 하늘이다. 겨울은 길고, 한기는 심하다. 무엇보다 추운 달은 1월로, 지역별로 보면, 가장 추운 우브스현에서 평균 영하 33℃, 가장 따뜻한 옴노·고비현에서도 평균 영하 15~16℃이다. 한편, 가장 더운 시기는 7월로, 고비 지대의 시얀다시가 평균 23℃, 알타이시가 14℃이지만, 최고기온은 각지에서 35~38℃을 기록하고 있다. 이 기온차이가 심한 건조 기후가 몽골고원의 독특한 식생을 낳아, 유목 목축이 가능하다. 수도 울란바토르의 연간 강수량은 281.8mm, 평균 기온은 영하 1.3℃, 최고가 16.9℃ (7월), 최저가 영하 22.3℃(1월)이다. 또, 몽골의 호수에는 염호가 많고 특히 고비 지대의 호수는 거의 염호이다. 최근 천연가스전 (세계 제 2위)이 발견되어 향후 이 나라의 경제발전에 기여할 것으로 보인다.

2. 몽골의 풍속

1) 몽골의 가옥

겔은, 거실, 응접실, 부엌, 침실을 겸한 다용도 공간이다. 그 외에도 봉제실이나 아이 양의 보육실로도 사용된다. 옛날은 겔을 십 여 마리의 소를 이용해 이동시켰으나, 현재는 해체 후 차로 옮기는 경우가 많다.

2) 몽골인의 성격

'몽골인'이라고 하는 사진집 안에 몽골인과 일본인의 성격 차이가 기록되어 있다. 그 주된 것을 든다면,

① 일본인은 좁은 공간도 전부 이용해 생활하거나 배우거나 일을 할 수 있지만, 그런 곳에서는 몽골인은 숨 막혀 죽어 버린다.

② 일본인이 해외여행을 떠날 경우, 몇 개월 전부터 준비를 하지만, 몽골인은 일 순간에 여행을 결정하고 다음날에는 출발한다.

③ 일반적으로 일본인은 집단으로 행동하는 것을 좋아해 서로를 돕는다. 해외를 여행하는 일본인은 모두 수행 안내원이 가진 깃발 아래에 모여 이동하듯이 어떤 곳에서든 모여서 행동해야 안심하지만, 몽골인은 개인주의라 할 수 있다. 외국에서도 단 혼자서 활동하며, 아무 준비도 없고 아무 정보도 없음에도 불구하고 곧장 적응하곤 한다.

④ 일본인은 일반적으로 모든 것을 미리 계산해 준비하여 돌발 상황을 피하려고 하지만, 몽골인은 돌발상황에 항상 대응한다.

3) 몽골의 여성

몽골의 여성은 남성에 비해 고등 교육을 받고 있다. 대학생의 남녀 비율이 유럽이나 일본에서는 7:3인데, 몽골은 2000년 당시 3:7이었다. 교사·의사 등은 대부분 여성수가 웃돌아, 기업의 경영진 중에서도 여성을 볼 수 있다. 아내가 일을 해, 남편은 일자리도 없어 집에서 빈둥거리고 있는 것도 드문 일이 아니다.

한국의 방송사에서 〈여성에게 의지해 사는 나라〉라고 하는 프로그램을 방송하였는데, 여성의 사회 활동 참여도가 몽골에 비해 낮은 한국 사람들은 문화적 충격을

받았다고 한다. 아직 일본에서는 여성의 사회적 위상이 남성에 비해 낮지만, 몽골에서는 여성이 수행하는 사회적 역할의 비중이 남성보다 크다.

4) 몽골의 남성

예전에 남자들은 전쟁이라고 하는 큰일을 치렀고, 그 때문에 가정에서의 남자의 역할은 한정되어 있었다. 가축 젖 짜기는 아내가 하고 양 등 가축을 기르는 일은 아이들이 하곤 한다.

몽골의 남자들은 즐거운 것을 좋아하고 술 마시는 일이 자주 있다. 남자들의 상당수는 인상도 좋고 친절하다. 그러나 술을 마시면 반대로, 몹시 거칠고 난폭하게 변한다. 아무리 시간적 여유가 있어도 모든 일을 타인에게 떠맡긴다. 예전 일본에 몽골 출신의 스모 역사 중에서 술을 마시면 성격이 보다 격렬해지는 요코즈나(橫綱)가 있었다.

문헌〉

1) 몽골국(Wikipedia, 2013.5).
2) 몽골(몽고루)(YAHOO, 2013.5).
3) 바바르 · 엔후바트 저, 사토 카즈히사(佐藤和久) 역, 『몽골인』, 몬소달출판사, 2002.
4) 바바르, 『몽골의 역사』, NEPKO.

(2013.6.1.)

24. 우즈베키스탄 기행 (1)
- 지리, 인문, 경제, 고려인의 이주사 -

2013년 6월 21일~25일, 나는 중앙아시아의 우즈베키스탄 공화국을 방문하여 수도 타슈켄트에 있는 고려인 농장, 민족마을, 문화 시설 등을 견학하고 현지의 문화인들과의 교류하여 고려인의 강제 이주사나 민족공동체에 대하여 많은 것을 알게 되었다. 여기에 그 기행문을 소개하고자 한다.

1. 우즈베키스탄의 지리

우즈베키스탄은 유라시아 대륙의 중앙에 위치하고 있고 전 국토 면적은 44만 7,400㎢이다. 이 국토 면적은 세계 56위이며, 인구는 2,900만 명으로 세계 45위이다 (2012년 기준).

1) 타슈켄트

인구 200만 명 이상의 우즈베키스탄의 수도이다. 가로가 곧바르게 늘어선 도로, 거대한 빌딩이 늘어서 있고 중앙아시아에서는 유일하게 지하철이 달리는 근대도시이다. 현대의 거리풍경은 실크로드의 인상과는 완전히 다른 것이지만, 오아시스 도시로서의 역사는 길다. 1966년 대지진 등의 영향으로, 거리의 모습은 때때로 변화되었으나, 지진 후 몇 년 만에 보기 좋은 현재의 근대도시로 재생되었다. 타슈켄트는 실크로드를 여행할 때 피해서 통과할 수 없는 곳이었다.

고려인의 인구는 타슈켄트에 7만 명, 우즈베키스탄 전 국토에 14만 명, 구소련전체에는 약 45만 명이다.

2. 역사

우즈베키스탄은 중앙아시아 실크로드의 역사를 가졌고, 그 중에서도 북부의 스텝·유목 지대는 건조·오아시스 지대의 역사가 있어, 이슬람, 몽골, 러시아, 중국 등의 영향을 강하게 받았다. 그 주된 역사를 보면,

① 기원전 329년 알렉산더 대왕이 사마르칸트를 점령. ② 기원 전 629년, 당(唐)의 현장(玄裝)이 인도를 향하여 출발했다. 우즈베키스탄을 지남. ③ 기원전 10세기 터키계의 컬러하안조가 일어나, 투르크어·이슬람화가 진행됨. ④ 1220년, 칭기즈칸이 브라하, 사마르칸드를 파괴. ⑤ 1370년 티무르가 사마르칸드를 수도로 하고, 크게 발전. ⑥ 1512년, 우즈베크족의 시야이반조가 성립한다. ⑦ 1865년, 제정 러시아 제국이 타슈켄트를 점령. ⑧ 1924년, 소련 내에서 우즈베크 소비에트 사회주의 공화국이 성립. ⑨ 1937년, 극동에서 고려인이 우즈베키스탄으로 강제이주 당함. ⑩ 1991년 9월 1일 소련 붕괴에 의해 독립선언하여 '우즈베키스탄 공화국'이 설립.

1937년~1940년대 중앙아시아에 강제 이주 당한 것은 고려인 외에, 타타르인, 독일인, 체첸인, 그리스인, 터키인, 쿠르드인 등의 민족이었다.

3. 고려인의 강제 이주

1937년 8월 21일, 스탈린 시대의 소련 정부·당중앙위원회의 극비 결정에 의해, 국경 지역으로부터의 조선인 추방 명령이 내려졌다. 두 번에 걸쳐 제1차는 9월 9일~23일에 걸쳐, 포시예트 지구 등에서 제2차는 9월 24일~10월 3일간에 행해져 그 결과 이주 개시부터 10월 3일까지 약 7만 8천 명이 극동으로부터 중앙아시아로 이주 당했다.

4. 인구

우즈베키스탄은 중앙아시아에서 인구가 가장 많은 나라이며, 2012년 시점에서 인구 2천 9백만 명은 중앙아시아 전체 인구의 약 절반에 상당한다.

우즈베키스탄의 평균 연령은 낮아 전 인구의 약 34.1%가 14세 이하이다(2008년 통계). 인구통계에 의하면 우즈베크인 80%, 러시아인 6%, 타지크인 5%, 카자흐인 3%, 그 외 6% 등 여러 소수민족이 산다.

소련 시대에는 러시아인의 비율이 12.5%(1970년)를 차지해 타슈켄트의 인구의 절반 가까이가 러시아인·우크라이나인이었다. 현재는 우즈베크 민족주의나 경제적인 이유로 급감하고 있다.

우즈베키스탄의 소수민족으로서 고려인 외에, 브하라 유태인은 1000년 이상 전에 중앙아시아로 이주한 유태인 민족 집단이며, 주로 우즈베키스탄의 브하라에 거주하고 있다.

1989년의 시점에서 94,900명의 유태인이 이 나라에 살고 있었으나, 소련 붕괴 후, 브하라 유태인의 상당수는 아메리카합중국, 독일, 이스라엘 등 다른 나라로 출국하여, 2007년 시점에서 남아 있는 브하라 유태인의 수는 5천 명에도 못 미친다.

5. 언어

언어는 공용어인 우즈베크어의 사용률이 74.3%이나, 언어 인구는 러시아어 14.2%, 타지크어 4.4%, 그 외 7.1%이다. 러시아어는 이민족 사이에 커뮤니케이션을 취할 때에 주요한 언어이며, 특히 도시지역에서 이 경향이 강하다. 필자가 바로는, 대다수 고려인이 러시아어를 쓰며, 중년 이상 분들만이 조선어를 조금 알아들을 수 있어 대화하는 것은 극히 일부의 문화인에게 한정되어 있었다.

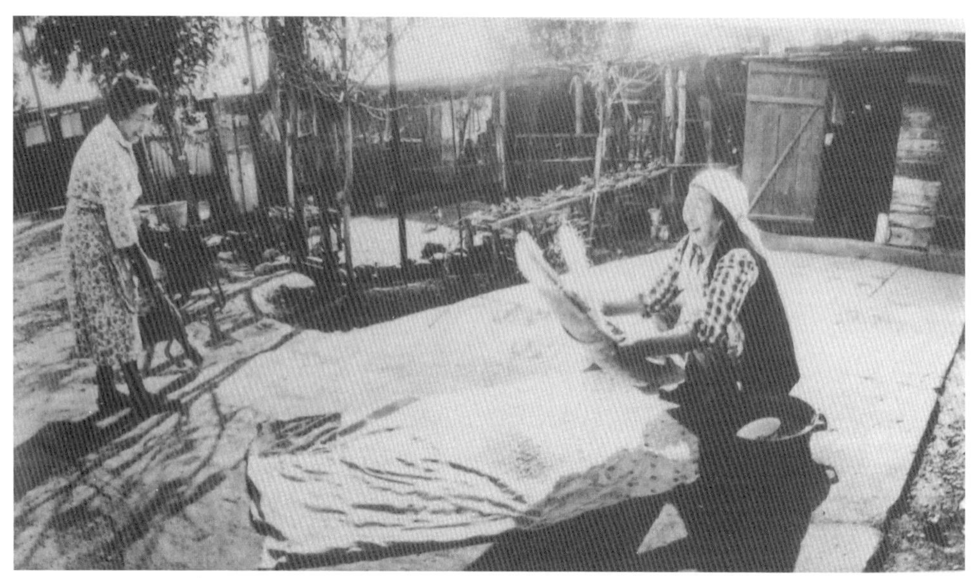

〈농촌〉 (사진: 안 빅토르 / 우즈베키스탄)

6. 경제

우즈베키스탄은 세계 제 4위의 금 매장량을 자랑한다. 국내에서는 매년 약 80톤의 금이 발굴되고 있어 이것은 세계 7위의 발굴량이다. 우즈베키스탄의 석탄 매장량은 세계 10위이며, 우라늄의 매장량은 세계 12위이다. 우즈베키스탄의 국영 가스 회사는 세계 11위의 천연가스 생산량을 자랑한다. 우즈베키스탄은 아직 미개발의 석유나 천연가스의 자원이 다수 존재하고 있으며, 국내에는 194곳의 탄화수소 (炭化水素) 광산이 있고, 이 중 천연가스전은 98곳, 가스전은 96곳에 이른다.

문헌〉

1) 우즈베키스탄(Wikipedia, 2013).
2) 우즈베키스탄 공화국 대사관,『우즈베키스탄 관광 공식 가이드』.

(2013.7.1.)

25. 우즈베키스탄 기행 (2)
- 고려인 농장과 묘지 -

1. 두 개의 농장과 민족마을

1) 포리타젤 농장: 1937년, 극동에서 중앙아시아로 강제 이주를 당한 고려인들은 당시 이 황무지에 버려졌다. 집도 없고 처음에는 습지대에 흙을 파서 추운 밤들을 그 움막 안에서 보냈다고 한다. 그리고 참억새의 황야를 경작하여 3년 후에는 벼농사 농장을 조성했다.

이 농장에는 거주집들이 있어 고려인의 집은 사각 지붕을 이루고 있었다.

고려인 농장의 인구는 1만 5천 명이며 고려인은 4~5천 명으로 줄어들고 있어 젊은 사람들은 타슈켄트 중심부나 다른 도시로 옮겨가 고령자들이 주로 남아 있다.

벼농사는 현재 별로 행해지지 않고 면화나 보리를 주로 경작해 휴경지도 많다. 자가용이 없던 시대에는 포리타젤 농장에서 타슈켄트의 중앙시장까지 걸어서 편도 3시간이 필요했다고 한다.

○ 김게로 씨(Kim Ge Ro)

필자는 부라지밀 김씨와 둘이서 김게로 씨의 집을 방문했다. 여름방학에 모인 손자들이 있는 가족 분들과 마당에서 점심 식사를 같이 했다. 부인은 고려인인데 조선어는 하지 못하고 러시아어를 사용하고 있었으나 매우 친절하고 조심스러운 모친이었다. 김게로 씨는 1949년생으로 이 농장에서 가까운 포리타젤 마을에서 태어났다. 부친 김창진 씨는 극동에서 이 땅으로 강제 이주를 당했다. 조부는 함경북도 한천 출신으로 부친이 2세 때 소련령으로 이주했다. 김씨는 3명의 아들이 있고 삼남은 37세 때 신장암으로 죽었다. 손자는 7명이고 둘째아들의 아내는 러시아인 여성이다.

김씨는 타슈켄트 공업 대학(5년제) 기계과를 졸업하여 타슈켄트의 공장에서 기사장으로 오랜 세월 일했다.

1991년에는 부인과 둘이서 평양에 가 금강산에도 올랐다. 1992년에는 서울의 삼성 기업을 방문하기도 했다.

수필가로 현지 고려신문에 러시아어로 정기적인 원고를 쓰고 있다. 필자에게도 그 러시아어 신문을 보여 주었다.

우즈베키스탄은 6월~8월이 여름방학이며 필자가 방문했을 때 손자들이 집의 텐트 풀에서 헤엄치고 있었다. 또 김씨는 가족을 위해서 '가족 예술단'을 결성하여 때때로 손자들을 모으고 성악이나 악기의 연주를 가르치고 있다고 한다.

고인이 된 부모님의 사진을 보았을 때 모친 한씨는 이 농장에서 상담역을 맡았었고 별명이 '장군'이라고 칭해지고 있었다. 이 모친의 얼굴에는 일가를 통솔한 전통적인 조선시대의 분위기가 감돌고 있었다.

2. 김병화농장과 박물관

김병화농장의 처음의 명칭은 북극성 집단농장이었다. 농장의 인구는 15,000명으로 고려인은 4~5천 명가량이다.

농장을 따로 본 후 김병화박물관을 방문했다. 관리인은 장 에밀리아 여사였다. 1940년생이며 카자흐스탄 사범대학을 졸업하여, 정년까지 '치미리제와 학교 59'에서 수학 교원을 했다. 남편 태전진 씨는 전라북도 남원 출신이다.

한국 서울에 한국어 학습에도 가셨고 1992년부터 우즈베키스탄 한국 대사관이 지원하는 농장의 문화 교실에서 아이들에게 한국어를 가르치고 있다. 장 여사는 한국

김병회 기념비와 기념관

어 회화를 잘 할 수 있고, 박물관의 NPO 관리인으로 매우 친절하게 그 책무를 훌륭하게 다하고 있었다. 이 박물관은 상시 개관하지 않고 장 여사에게 의뢰할 경우 또는 기념일에는 개관하여 모두에게 공개한다고 한다. 김병화(1940~1974년) 씨는 고인이 되었으나 제5대 농장장으로 35년간 이 농장에 봉직했다. 관내의 중앙 일실에는 소련 정부에서 훈장이 수여되었을 때의 초상화가 걸려 있었고 그 주위에는 "이 땅에서 나는 새로운 조국을 찾았다"라고 한글로 쓰여 있었다.

또 박물관 입구의 우측에 김병화 동상비가 세워져 있었다.

그리고 이 농장에서 유명한 분은 황만김 씨이다. 소련 정부에 의한 탄압을 받아 3년간 옥중 생활을 보냈고 후에 무죄가 판명 되어 석방되어 농장장이 된 지식인이다.

3. 두 명의 고려인

이 농장의 대중식당에서 전직 교사인 두 명의 고려인과 점심 식사를 같이 하면서, 의견을 교환할 수 있었다.

1) 김 니콜라이: 1930년생, 타슈켄트 농업 대학을 졸업. 극동의 우수리스크 가까이의 제피고에서 소년 시절 이 땅으로 강제 이주해 왔다. 아버지는 함경도 출신.

김 니콜라이는 이 농장의 경영 담당자로서 일했다.

2) 김 미리암: 1931년생. 아버지는 조선에서 국경 마을 포시예트에 이주하여 1937년 아들과 함께 중앙아시아로 강제 이주되어 왔다. 김 미리암은 수학 교사로서 이 농장에 있는 초등학교에서 가르쳤으며 앞선 장 여사도 그 학생 중 한 사람이었다.

두 전직 교사는 이 고려인촌의 지식인이며 조국에 대하여 강한 관심을 가지고 있어 민족공동체(Ethnic Community) 의식이 필자에게도 전해져 왔다.

4. 공동묘지

고려인 묘지는 김병화 농장의 북서부에 위치하고 있다. 2구획으로 나누어져 오래된 묘지는 잡초가 나 묘비도 없고 매장한 채로 오랫동안 정비되어 있지 않은 모습이었다. 새로운 묘지는 소련 시대 이후에 조성된 것으로 보이여 묘비도 러시아식의 현대풍으로 만들어져 있었다. 이 지방에서는 화장이 행해지지 않고 고려인의 경우 묘비 아래에 제단이 준비되어 있다.

(2013.7.2.)

26. 우즈베키스탄 기행 (3)
- 타슈켄트의 고려인 문화시설 -

1. 고려인 문화협회

우즈베키스탄 고려인 문화협회의 센터는 국가가 건설했고, 운영은 고려인이 하고 있다. 문화협회 본부 외에, 7명 이상이 모이는 문화센터가 타슈켄트에 15개소나 존재한다. 우즈베키스탄은 다민족국가로서, 140여 민족이 분포한다.

내가 고려인 문화협회 센터를 방문했을 때, 타슈켄트에 거주하는 문화인 7명과 2명의 여성 사무원이 모여 있었다. 그들은 재일 사회에 대해서, 이전부터 관심을 갖고 있어, 내게 질문하기 위해 여러 분이 모인 것 같았다.

그때의 질문은 다음과 같다.

1) 일본에 있는 동포는 법적 외국인인지 어떤지.
2) 일본의 시민권을 가지고 있는지 국적은?
3) 재일의 젊은 사람들은 일본인과의 결혼을 바라고 있는 사람이 85%에 이른다고 들었는데, 사실은 어떤가?
4) 일본인에게 유명한 재일 인사는?

회답:

1) 재일 동포는 법적 외국인이다. 1985년부터 부모 양계 주의에 의한 국적 선택이 가능해져 재일 청년들에게는 일본국적 취득이 용이해졌다.

2) 일본의 시민권은 없다. 한국적이나 조선국적 중 어느 하나이다.

3) 그 숫자에 가깝고, 재일의 젊은이가 바란 것은 아니지만, 결과적으로 그렇게 되어 버렸다.

4) "20년 전 정도까지는 김달수, 고사명, 김학영과 같은 저명한 작가·문화인이 있었으나, 현재는 상기할 수 없을 정도로 드물다. 지금은 재일 저명인들이 모두 지하에서 활동 하여 노출되지 않는 것 같다."라고 대답하지 않을 수 없었다. 참석자들은, '역도산'이나 '일본 여자 배구 선수 대표 시라이 타카코'를 알고 있었다. 그리고 나는, "일본에서 재일 동포는 공직이나 대기업에의 취직이 곤란하고, 유명인이 탄생되지 않는 것은, 일본사회가 아시아에서 폐쇄 국가이며, 실력, 능력보다 국적 중심주의이기 때문이다." "미국 등과 달리, 한국계 일본인이 용인될 가능성은 일본엔 없다"(권인섭 문헌)라고 변명했다.

상기의 회답 가운데, 일부는 일본에 귀국 후에 얻은 정보를 바탕으로 한 것이다. 한 예를 들자면, "나의 지인 중에 도쿄 외국어대학 러시아어과를 졸업한 우수한 C 씨라는 분이 있는데, C 씨의 러시아어과 동급생들은 모두 중앙아시아의 카자흐스탄이나 우즈베키스탄 등에 있는 일본 대사관에 취직했다. 하지만 C 씨만 국적이 다르다는 이유로, 지원한 회사에는 취직하지 못하고, 처음에는 소기업 상점에 근무 하지 않을 수 없었다. 그러므로 나는 이번, 타슈켄트의 일본 대사관에 들러 C 씨의 불만을 조금이라도 풀 수 있도록 마음속에서 외치고 왔다"라고 참석자들에게 설명했다. 이후 일본 대사관에서 찍은 사진을 도쿄 거주의 C 씨에게 우송할 예정이다.

저명한 화가, 사진가, 고려 신문 편집장, 타슈켄트주립대학 교수, 역사 평론가 등이 참석하였다. 고려 문화협회에서 온 빨강 셔츠를 입은 여성 사무원의 이름은 베타리야라고 말했다.

2. 타슈켄트 한국종합교육원

2013년 6월 24일, 우즈베키스탄의 '민주평통 중앙아시아협의회'와 '한국대사관' 주최로, 타슈켄트의 중앙대로 인근 한국종합교육원에서, '6·25 전쟁 기념 통일 안보 강연' 집회가 4층의 대강당에서 열려 필자도 참석했다. 한국대사관 영사의 인사 후에 한국전쟁의 기록 영화 참관, 서울의 모대학교수의 '한반도에서의 통일에 대하여'라는 강연이 있었다. 참석자는 약 500명이었다.

6·25 강연회가 끝난 후, 종합교육원에 있는 넓은 정원에서 만찬회가 성대히 개최되었다. 많은 고려인, 그 중에서도 중·노년 여성들이 다수를 차지했는데 그 온후한 분위기는 30년 전의 재일 사회의 호시절을 떠올리게 했다. 남성은 고령자가 대부분이고 서로 러시아어로 이야기하고 있었다. 이 만찬회의 인상은, 중앙아시아의 고려인 사회에서도, 민족공동체의 의식이 보존되고 있다는 것을 강하게 느꼈다.

필자는 타슈켄트에 있는 한국대사관과 일본대사관을 방문하여 견학했지만, 한국종합문화원을 포함하여 한국대사관의 규모가 보다 크게 느껴졌다. 그 외에 타슈켄트의 역사박물관 부근에도 한국 기업인 삼성 사무소가 세워져 있었다.

3. 크리스트교회와 가톨릭교회

타슈켄트 교외에 한국에서 들어와 창립한 순복음교회가 있었다. 본 교회는 2009년 11월 4일에 지어져 신도 수는 500명 정도였다. 일요일의 예배는, 오전 9시와 11시, 오후 2시 3회로 나누어 거행되었다. 여기서 들은 이야기이지만, 처음에는 한국인 목사가 이 교회에서 한국어로 설교를 실시하였으나, 현지 신자들을 이해시키지 못해 귀국을 하고, 러시아어가 가능한 젊은 양 세르게이 목사가 주임 목사로 선임되었다고 한다. 젊은 목사는 서울에 가서 교육을 받았다고 한다.

타슈켄트에는 가톨릭 성당도 있는데, 소련 시절 폴란드군 포로들에 의해서 세워

우즈베키스탄 지식인들

졌다고 한다. 현재의 가톨릭교회의 목사는 한국에서 오고 일요일 오후 1시에는 한
국에서 온 가톨릭 신자들이 예배당에 모이고, 현지의 고려인은 4~5명에 지나지 않
는다고 한다.

문헌〉

1) 권인섭, 「부랑패의 토라상은 없었다」, 『오사카외대강의집-재일 조선·한국인의 사회와 문화』, 2010.

(2013.7.2.)

27. 우즈베키스탄 기행 (4)
- 문화인 김 블라디미르 -

　이번 중앙아시아 기행 중, 김 블라디미르와는 우즈베키스탄의 수도 타슈켄트의 국제공항에서 만났다. 그는 일본에서 온 나를 3일간의 체재 기간 동안 성심성의껏 안내해 주셨다. 고려인 사회에서 소설가, 신문기자, 평론가, 역사학자로서 활약한 김씨에게 진심으로 경의를 표한다. 특히 김씨의 깊은 민족애를 다시금 느꼈다.

1. 블라디미르 김 (Vladimir Kim)의 경력

　조부는 함경북도 출신으로 사냥, 벌목, 금광 채굴 등을 하다가 극동의 소련 땅으로 건너갔다. 1937년, 소련 정부의 강제 이주 정책에 의해 부모는 가족과 함께 극동에서 중앙아시아의 우즈베키스탄으로 강제 이주 당했다.

　형 김 파베르가 병사장 신분으로 소련 정부로부터 북조선에 파견되어 1945년, 부모, 형제와 함께 김씨는 2세 때부터 평양에서 12세까지 어린 시절을 보냈다.

　한국전쟁(Korean Conflict)이 발발하자, 1955년, 가족과 함께 중국의 하얼빈으로 피난하여 3년간 머물렀다. 아버지는 평양에서 돌아온 후, 함경북도의 고향에 갔다가 그 곳에서 병사했다. 형 김 파베르는 평양에서 철수하여 우즈베키스탄에 돌아와, 현지에서 종합대학의 교원을 하던 중 54세에 별세하였다.

○ 형의 부모 찾기

형이 모스크바대학 유학 중이던 1937년, 부모가 극동에서 중앙아시아로 강제 이주당한다는 것을 알고, 형은 타슈켄트 교외에 있는 역까지 수소문하여 다행히도 그 역 부근의 오두막에 머물고 있던 부모를 찾을 수 있었다고 한다. 이야말로 하나님이 도와주신 기적적인 스토리라고 말할 수 있다. 김씨는 이 외에도 부모님을 찾는 비슷한 일화가 있었다고 하였는데 이야기를 듣던 나는 큰 감동을 받았다.

당시, 소련 정부의 명령으로 우즈베키스탄의 고려인 300명이 북조선으로 파견되었다. 그 중 10%의 사람들만이 우즈베키스탄에 돌아올 수 있었는데, 국적이 소련인 고려인은 의사대로 돌아올 수 있었지만, 조선 국적과 소련 국적을 가진 사람 및 북한의 정치에 반항한 사람들은 돌아올 수 없었다고 한다.

형제는 12명이며, 블라디미르 김은 1946년생으로 12번째인 막내다. 우즈베키스탄 종합대학을 졸업하고, 신문사에 기자로서 근무하던 중, 3년간 소련 백러시아의 민스크로에서 군대 생활을 보냈다. 그 부대 중에서 고려인은 자기 한 명이었는데, 주둔지의 마을의 러시아인 주부들은 그에게 매우 친절했다고 그는 회고했다.

최근, 김씨는 타슈켄트의 북조선 방문 대표단장의 신분으로 평양을 방문하였고, 김일성 수상과 사진을 찍었다. 또, 한국의 서울에도 몇 차례 방문하여 서울 숭실대학 조규익 교수와 3명의 공저로 『우리 민족의 숨결이 거기에 살아 있었다』(2012년)를 출판했다.

2. 타슈켄트 주변의 명소지

1) 두 곳의 고려인 농장과 민족마을
2) 김병화박물관
3) 고려 문화협회 센터

4) 한국대사관

5) 일본대사관

6) 타슈켄트 한국종합교육원

7) 순복음 크리스트교회

8) 가톨릭 성당(폴란드병 포로가 세웠다)

9) 나보이오페라 발레 극장(일본인 포로가 건설을 도왔다)

10) 티므르 광장과 시계탑

11) 쥬마 회교 사원

12) 우즈베키스탄 지진 기념 조각상(1966년)

13) 우즈베키스탄 국립박물관(우즈베키스탄의 역사와 일부 고려인 이주사가 전시)

14) 쿠이르리유크 시장(이 바자에는 고려인 여성들이 두부나 조선 식료품을 판매
    하고 있었다)

상기는 김씨가 나를 안내해준 타슈켄트의 시설과 명소지이다.

3. 블라디미르 김의 문화 활동

저서:

1) 장편소설 『김이 간다』(러시아어)

2) 공저, 『우리 민족의 숨결이 거기에 살아 있었다』, 숭실대학, 2012.

3) '고려인의 러시아 이주'에 관한 단편소설을 영화 제작하여, 모스크바의 기록 영
   화제에서 2위로 선출된다. 심사 위원에는 여성의 모스크바 대학 영화과 학장이
   있었다.

4) '고려인의 중앙아시아에의 강제 이주'에 관한 장편소설을 러시아어로 집필 중.
   특히 이 책 중에서는, 1937년의 강제 이주시, 소련병은 고려인에 대해, 대체로

폭력적이 아니었고, 인도적인 취급을 한 병사도 있었다는 것을 전하고 싶다고 김씨는 말하고 있었다.

4. 블라디미르 김에게 한 질문

나는 김씨에게 다음과 같은 질문을 했다.

1) 고려인의 단점

① 단일 민족이므로 다른 민족을 별로 보지 않은 탓인지 국제적으로 통찰하는 관점이 부족하다.
② 때때로 뒤에서 개인을 비판하며 험담을 하는 경우가 있다.
③ 서로를 돕지 않는 일이 있다.
④ 쉽게 운다. 강호가 될 수 없다.

2) 고려인의 장점

① 직감이 좋아 이해가 빠르다.
② 성격이 급해 일을 빠르게 완수한다.
③ 개인주의적이지만 혼자서도 곧잘 만들어 낸다. 한국에서는 단체나 팀 활동에 일본식 사고방식이 도입되어 있는 것 같다.

김씨는 러시아어가 모국어이며, 러시아어로 소설을 쓰지만, 한국어의 회화나 작문에도 정통하고 있다. 그리고 타슈켄트의 고려인 사회에서 문화 활동이나 민족의 의식 향상에 힘쓰고 있었다. 조상을 존경하고, 가족을 사랑하며, 이웃을 배려하고, 동시에 민족의식의 높은 지식인이었다. 이러한 문화인은 중앙아시아나 다른 나라에서도 매우 드문 존재라 생각되었다.

　내가 귀국할 때 공항으로 김씨와 사진가의 안 빅토르 씨, 인터넷 프로그래머인 한 브라지스라브 씨 세 명이 전송하러 왔었다. 그리고 김씨에게는 러시아 방식으로 작별인사를 받았다.

(2013.7.8.)

28. 우즈베키스탄 기행 (5)
- 화가 안 블라디미르 -

2013년 6월, 내가 화가 안 블라디미르 씨와 처음으로 만난 것은, 타슈켄트의 고려인 문화협회 센터였으며, 이후 한국종합교육원에서도 재회했다. 종합교육원 만찬회에서 서로 나란히 앉아 한국어로 대화하였다. 그때 화가 안씨는 귀중한 화첩이라며 2권을 내게 기증하였다. 그 답례로 나는 1권밖에 남아 있지 않던 카토 쇼린진 화백의 〈카토 쇼린진전〉(2010.7.20. 도쿄 한국문화원 주최) 팸플릿을 건네 드렸다.

1. 안 블라디미르의 경력

한글명은 안일이라고 한다. 1929년생으로 1937년 8세 때, 원동에서 우즈베키스탄으로 부모와 함께 강제 이주 당했다. 조부는 함경북도 출신이고 아내는 없으며 아들이 한 명 있다. 1955년 모스크바 공예미술대학교를 졸업하고 우즈베키스탄의 타슈켄트에서 거주했다. 유명한 고려인 화가로 오랜 기간 활약했고 또한, 민족주의자로서 타슈켄트의 지식인이나 한국의 문화인·화가들과도 깊은 교류를 하고 있다.

1) 주된 경력
· 모스크바 공예미술학교 졸업
· 배럴 미술전문학교 졸업
· 30주년 바르레후 미술 전시회 출전(모스크바/55년)

- 우즈베키스탄 기념품 콘테스트 우수상(타슈켄트/65년)
- 카자흐스탄 기념품전 최우수상(아르마타/66년)
- 250주년 사마르칸트 기념전 출전(사마르칸트/69년)
- 우즈베키스탄 문화부 명예 표창상(70년)
- 소련 인민 경제 실적 전시회에서 동메달 수상(81년)
- 소련 문화부 공훈자로서 추대(모스크바/85년)
- 소련 노력 공로자 메달 수상(88년)
- 우즈베키스탄 미술전문학교 교수 · 부부장(63~88년)
- 타슈켄트 문학협회 위원장(92년)
- 『그림으로 보는 고려인 역사서』 발행(서울/95년)
- 서울그란바레전(서울시립미술관/98년)
- 신미술대전초대작가(서울시립미술관/96년, 97년)
- 한국미술연구회 명예 회원
- 한국미술창작협회 명예 회원

2. 안씨가 그린 소책자와 화첩

내가 감상할 수 있던 것은 다음의 팸플릿과 화집이다.

1) 안 블라디미르 (안일) 초대전 팸플릿

일시: 1999년 7월~

장소: 국립 중앙미술관(우즈베키스탄)

후원: 우즈베키스탄 예술 아카데미, 한국 미술창작협회, 타슈켄트 고려인문화 협회

표지를 장식하는 회화 〈눈물 젖은 두만강〉은 명작이며, 매우 인상적이었다. 다른 주된 출전 작품은 다음과 같다.

〈눈물에 젖은 두만강〉 (그림: 안 블라디미르)

① 1937년 강제이주 ②희망의 나무 "갈대밭" ③초상화 ④실크로드 I , II ⑤고려인 정물 ⑥눈물 젖은 두만강 II ⑦희망의 나무그늘에서 ⑧나의 할머니 ⑨한국인 정물 ⑩언제나 가지 못한 나의고향 ⑪표정 없는 사람들의 폭동 ⑫조선의 어머니 ⑬우즈베크 정물 등.

2) 화첩 『화가가 본 20세기의 고려인 사회』(2007)

이 화첩에 있는 많은 회화에는 연해주나 중앙아시아에 있어서의 고려인 영웅이나 전사, 매우 유명한 문화인들의 모습이 그려져 있다. 인상 깊었던 몇 개의 그림을 여기에 올렸다.

① 강제이주 화물차, 1937년(표지) ② 눈물 젖은 두만강 – 나의 할아버지 ③ 안중근 애국주의자 ④ 김 페트로브나 여사 – 조선 해방 전사 ⑤ 최성학, 러시아 해군 첫 고려인 장교 ⑥ 내가 살던 마을, 1937년 ⑦ 이동휘, 상해임시정부 총리 ⑧ 이류바 여사 – 소련 노동 영웅 ⑨ 할머니의 초상화 ⑩ 갈대숲 ⑪ 황만금, 소련 노동 영웅 ⑫ 김병화, 기념비 ⑬ 강제 이주자 ⑭ 아무리야 ⑮ 농민의 꿈 ⑯ 실크로드 ⑰ 박베라 여사 우즈베키스탄 상원의원, 고아 원장 외.

3. 화가 안씨의 강제이주에 대한 문장

화첩 『화가가 본 20세기의 고려인 사회』에 쓰여져 있는 안씨의 서문의 일부를 여기에 소개한다.

- 1937년, 노동정권 확립을 위해 정권 수립 시 주민들과 함께 투쟁한 평민들은, 오랜 세월 거주한 지역에서 전례가 없는 강제 이주를 당했다. 비위생적인 화물차량에 마치 죄수들처럼 경비하에 실려 왔다. 이것은 강제 추방이었으며, 그 때 나는 8세였다. 아주 오래오래 타고 갔으며, 춥고, 이슬비가 왔고, 갈대습지에 내렸는데 토막집 주위에는 갈대들이 서있었던 것이 기억난다. 밤마다 개구리 소리와 아이들의 울음소리 같은 들개 우는 소리에 잠들 수 없었다. 이주민들은 가족의 생활을 위해 본능적으로 천연지, 초원, 사막과 초원의 모래언덕, 하천 계곡의 삼림, 갈대숲 등의 야생 자연에 대해 맞서 싸웠다.
이 힘들고 강렬한 투쟁 가운데에 땀과 피로 우리 영광을 쟁취하였으며 고려인들은 열심히 일하는 사람들로 평가 받았다. 유명한 김병화나, 황만금 동포들이 그러하다.
20세기 고려이주민들에 대한 본 미술첩은, 나의 할아버지와 첫 이주민들에게 증정하며 죄 없이 살해된 희생자들의 제단에 바친다.
화가는 다음과 같이 말한다. "저자는 역사적 인물들의 초상화를 그리는 작업 과정에서 큰 난관에 봉착하였으나, 낡은 사진들과 친지나 친척들의 회상의 도움으로 세상을 떠난 영웅들의 살아 생전의 성격을 묘사하고 창조하게 되었다. 고려학자 김 블라디미르는 나에게 많은 도움을 주었다."

- 우즈베키스탄은 인자한 주민들의 평화적인 땅에서 태어난 고려인 4세대의 고향이다. 또한 훼손당하고 불행하고 비참한 운명을 나눈 땅이기도 하다. 이 땅이 타주민들과 동등하게 세계에 유명한 학자들, 과학, 기술, 문화, 예술의 활동가들이 탄생하였다. 우즈베키스탄은 나의 두 번째 조국이다.

국제 과학 자연 및 사회 아카데미 정회원
안일

문헌 〉

1) 안 블라디미르,『화가가 본 20세기의 고려인 사회』, 문화관광부 국제문화협력팀, 한국사립미술관협회, 2007.6.22.

(2013.7.11.)

29. 우즈베키스탄 기행 (6)
- 사진가 안 빅토르 -

　2013년 6월, 필자는 중앙아시아로 여행을 떠나기 전, 우즈베키스탄, 타슈켄트에 거주하는 문화인을 통하여, 유명한 사진가 빅토르 안 씨의 소개를 요청했고, 그것이 실현되어 체재 기간 중 2일간, 이 사진가와 동행하면서 서투른 말씨의 한국어로 대화를 주고받으면서 우정을 나눴다.

1. 빅토르 안의 경력

- 1947년, 우즈베키스탄에서 태어남.
- 대학에서는 관개학을 전공했다. 영사기사, 운전기사, 농업에도 종사하고, 아이들에게 모형 제작을 가르치거나 했다.
- 1979년부터 전임 사진작가로서 시작하고, 예술 사진 작품의 제작 활동을 개시했다. 시행착오를 거듭하면서 예술성 풍부한 독자적인 세계를 열었다.
- 1992년부터『고려일보』사진 기자로서 지면에 수많은 사진을 제공. 그 작품, 〈고려인의 운명〉을 고안한 사진이 게재되어 그것이 큰 테마의 하나가 되고 있다.
- 1996년 서울과 대구에서 개인 사진전을 열었다.

다음은 빅토르 안 씨의 시이다.

고려인의 이름이 없어졌다
짧은 성만이 우리에게 남겨졌다.
여전히 우리들의 전통식사는 매우 매운데
지나가 버린 일에의 물음에
할아버지들은 단지 침묵할 뿐

빅토르 안 씨는 구소련뿐만 아니라, 유럽에서도 평가가 높고, 우즈베키스탄을 대표하는 사진가 중 한 사람이다.

2. 작품집

1) 『염원의 날개를 넓혀』(소련어판), 1999.
2) 강신자 저, 안 빅토르 사진, 『추방당한 고려인-천연의 미와 백년의 기억』, 석풍사, 2002.

출판물 『추방당한 고려인』에 쓰인 빅토르 안의 문장 가운데, 일부를 발췌하여 소개한다.

나의 프로 사진가 데뷔는 늦은 편이다. 도서 『우리는 누구인가?』(서울출판)의 출판을 위해 사진 25점을 요청 받았다. 우즈베키스탄 고려인 디아스포라(Diaspora)의 생활과 역사를 조명하는 책이었다. 나는 이것을 이전부터 나를 동요시켜 온 테마, 그리고 지금 생애에서 가장 중요한 테마로 삼아 정신을 집중했다.
나의 당면 과제는 내 동포들의 인생, 그 많은 변화를 필름에 담아내는 것이었다. 그 주제는 단순하면서 비극적이다. …
소멸하고 있다고는 해도, 그 정신과 전통을 보관·유지하고 있는 고려인촌을 돌아다니며, 1937년의 탄압을 체험한 노년 세대, 장년 세대, 자신의 행복을 찾고 있는 청년 세대 등 각 세대의

〈농촌의 음악제〉 (사진: 안 빅토르)

대표자들을 알게 되었다. 촬영은 수년에 걸쳐 이루어졌다. 우즈베키스탄 고려인 디아스포라의 생활과 역사. 이것이 그 이념이다.

자신의 민족과 그 복잡한 운명에 대해 사랑과 존경을 토로하는 것, 나는 이것을 일의 주안으로 삼고 있다. 피드백, 즉 보는 사람과의 커뮤니케이션을 기대하면서 관객과 단순하게 이야기를 하고 싶은 것이다. …

2001년 12월
러시아어문을 오오타 씨 번역

3. 사진 작품

『염원의 날개를 넓혀』에 게재된 사진집 안에서, 필자의 인상에 남는 사진의 제목을 다음에 올렸다.

① 추억 ②떠나가는 농촌(1)~(9) ③ 선물 ④ 아침 ⑤ 해바라기 ⑥ 우리 아이
⑦ 화투(1)~(4) ⑧ 옛 추억(1)~(2)
⑨ 꽃의 외면 ⑩ 농촌 의사(1)~(6)

4. 빅토르 안의 건강 상태

안 씨는 몇 년 전부터, 심근경색이란 병을 앓아, 타슈켄트의 심장외과 병원에서 심장의 관동맥 스텐트 수술을 받았으나, 치료가 불완전하여, 아직 2개의 관동맥이 폐색 된 채로 있다고 한다. 그 때문에, 해외 병원에서의 경피적 관동맥 형성방법에 의한 치료를 희망하고 있다. 컨디션이 좋지 않은 안 씨는 필자를 통해서 한국에 있는 전문 병원을 소개받기를 원하였기 때문에, 현재 서울에 있는 가톨릭 의대 서울성모병원과 연락 중에 있다.

(2013.7.)

30. 우즈베키스탄의 화가, 신순남 화백

나는 2013년 8월에, 오사카의 영화관에서 〈하늘색 고향(Sky-Blue Hometown)〉(김소영 감독, 2000년 제작)이라는 다큐멘터리 영화를 감상했다. 〈하늘색 고향〉은 한국의 감독 김소영(45세) 씨가 1년간 우즈베키스탄에 체재하여, 4년에 걸쳐 완성시킨 영화이다.

신순남 화백(1928~2006)은 우즈베키스탄을 대표하는 화가이며, 아시아의 피카소로 불리고 있다. 이 영화에서는 신순남 화백의 인생을 주축으로, 고난의 이주사를 다양한 증언으로 더듬고 있다. 신 화백의 러시아명은 신 니콜라이 세르게이비치이다.

불행하게 죽은 고려인 동포들을, 신 화백이 30년에 걸쳐 계속하여 그린 대작 〈레크레임〉 창작의 모습이 이 영화에 소개되고 있다.

1. 경력

신순남의 생애

1928	연해주 나호드카 근교 타우림에서 고려인 3세로 출생
1937	9세 가족과 함께 중앙아시아로 강제 이주
1949	타슈켄트 벤코프 미술학교 졸업 동갑내기 신부 지해옥과 결혼
1960	타슈켄트 아스트로브스키 연극미술대학 졸업

1955~1997	타슈켄트 벤코프 미술학교 교사
1962~	소련 화가동맹 회원
1970	할머니 석윤희 사망
1988	아내 지해옥 사망
1990	우즈베키스탄 화가동맹 회원
2006	78세 사망

주요 전시

1990	모스크바 트레타코프 미술관 (제1회 개인전)
1991	타슈켄트 국립미술관 (제2회 개인전)
1995	타슈켄트 국립미술관 (제3회 개인전)
1997	대한민국 국립현대미술관 개인전

수상

1957	모스크바 '세계청년작가전' 1위 입상
1957	우즈베키스탄 '청년작가전' 2위 입상
1976	문화부 선정 '우수작가' 휘장 수상
1978	우즈베키스탄 '공훈미술가'로 선정

2. 저서

『떠도는 자의 자화상- 신순남 창작노트』

지은이: 신순남

감수: 이명옥(사비나미술관 관장)

신순남 화백과 〈레크레임〉

편집: 신 갈리나 빅토로브나
사진: 신 이고르 니콜라에비치
발행인: 김종민 (문화관광부 장관)
발행처: 문화관광부, 국제문화협력팀, (사) 한국사립미술관협회
초판발행: 2007년 6월 20일

가혹한 강제 이주사 외에, 이 영화에서 주역을 이룬 신 화백의 〈레크레임〉이라는

화집 속의 대형화(가로 44m × 세로 3m)나 다른 많은 회화는 매우 인상적이었고, 모든 것이 대작이었다. 이 대작 〈레크레임〉은 피카소의 〈게르니카〉에 필적하는 작품이라고 평가되고 있다.

그리고 현재, 신 화백이 그린 작품은 우즈베키스탄에서 고평을 받고 있으며 한국에서도 1997년 6월 4일부터 국립근대미술관에서 공개 전시되었다. 개인전이 끝나고, 일생에 걸쳐 완성한 그의 대표작 〈레크레임〉을 포함하여 147점의 전 작품을 조국 한국에 기증했다. 그의 전작품은 현재, 국립현대미술관에 소장되어 있다.

신 화백의 연작 〈레크레임〉에는 '이별의 캔들 붉은 무덤', '무언의 절규' 등의 제목이 붙어있다.

3. 신 화백의 언론

소련의 스탈린 시대를 산, 신 화백의 말을 여기에 옮긴다.

〈레크레임〉, 이 그림에는 심연이 담겨져 있습니다. 이것은 고려인만을 그린 그림이 아닙니다. 1937년, 생활의 장소로부터 추방된 모든 사람들을 나타낸 것입니다. 타타르인, 우즈베크인, 고려인, 러시아인 등 모두 이주를 강요당했습니다. 서서히 죽음에 쫓겨 버려진 많은 비참한 인생을 이 〈레크레임〉 속에 표현하고 싶었습니다. 우리는 산 사망자였습니다. 실제 우리는 산 시체와 서로 다름이 없었습니다. 이 그림 안은 고려인입니다만, 단지 고려인만의 이야기가 아닙니다. 나는 이런 불행이 두 번 다시 반복되지 않기를 바라고, 우리가 그 불행의 폭풍우속에서 어떻게 살아남았는지, 어떤 길을 걸어왔는지를 후세에게 전하고 싶었습니다.

또한 다음과 같이도 말하고 있다.

자유는 아름다운 것입니다. 밝은 미래를 위해서 필요합니다.

4. 우즈베키스탄 문화인의 평가

우즈베키스탄의 미술 평론가, 국민 화가, 예술 아카데미 회장들은 신 화백을 높게 평가하고 있다. 그것을 다음과 같이 요약했다.

미술 평론가 R씨:	신 화백은 원칙적인 분으로, 어느 신념을 가지면, 자신에게 불이익이 되어도 신념을 버리는 행동은 하지 않았습니다. 나는 그의 일에 커다란 매력을 느꼈습니다. 큰 캠퍼스의 그림은 약동적인 색채감이 넘쳐 기념비적 화풍 안에 있었습니다.
국민 화가 B씨:	작품에 내재 하는 다이너미즘과 구성에서 오는 예리함, 극적으로 심리적인 긴장감을 다 소화하고 있다. 선생님은 작은 몸입니다만, 작품은 실로 장대합니다. 육체적 정신적인 힘이 매우 강한 분입니다. 젊은 화가에게는 없는 근면함을 신으로부터 하사 받았다고 생각됩니다. 긴 세월을 참아낸 고통이 세상을 놀라게 했습니다. 선생님은 시대에 대해 비판적이었으므로, 당시의 정치 상황은 선생님의 작품을 인정하지 않고, 공개하는 것을 금지하고 있었습니다. 예술에 대한 정열로 때를 기다려 선생님의 의사와 노력은 후에 결실을 보았습니다. 선생님은 우즈베키스탄 화전을 통하여 우리나라 최고의 화가로서 인정되었습니다.
예술 아카데미 회장 K씨:	그의 작품은 밝은 느낌도 있습니다만, 비극적인 색조도 매우 임팩트가 있어 깊은 여운을 느낍니다. 육체적 고통을 캠퍼스에 그릴 때도 그 고통을 선명한 미로서 승화시킵니다. 신 화백의 〈레크레임〉을 제외하고는 민족의 예술이나 역사도 말할 수가 없습니다.

신 화백은 2006년 8월 16일, 78세에 서거하였고, 뛰어난 작품을 남긴 보기 드문 화

가이다. 한국정부는 사망 후에만 수상할 수 있는 금관 문화창장을 국·내외의 예술
가로서 그에게 수여했다.

문헌〉

1) 김용택(김우라지밀), 신화백의 경력과 기타를 제공, 2013.9.
2) 「'아세아의 피카소'의 고난」, 아사히신문유간, 2013.8.16.
3) 조선족의 역사추구 – 다큐멘터리 – 영화상영: 『고베신문』, 2013.8.16.

(2013.9.12.)

31. 극동러시아 블라디보스토크 기행
- 국제학교와 고려인 교수 -

블라디보스토크는 극동러시아에 위치한 도시이며 연해주 지방의 중심지이다. 러시아어로 '동방을 지배하는 마을'을 의미한다.

필자는 2013년 7월, 금각만(GOLDEN HORN) 반도에 들어가 있는 최적의 항구 블라디보스토크를 방문했다.

고려인의 중앙아시아 이주사를 살펴보기 위해서였다.

1. 민족 구성

러시아인과 우크라이나인이 대다수를 차지하지만 벨라루스인이나 아르메니아인도 있다.

최근의 건설 경기에 맞추어 한국 기업을 시작으로 북한이나 중앙아시아 각지에서 몰려든 노동자들이 건설업에 종사하고 있다.

블라디보스토크 시의 인구는 5,924명(2010년 현재)이다.

2011년 현재, 일본 외무성에 신고된 일본인은 104명에 지나지 않으나 한국에서는 관광객도 많이 찾아오고, 한국인이 세운 상사, 그리스도 국제학교 등도 있다.

4성 호텔 현대는 이 도시에서 가장 큰 호텔이며, LG간판이 새겨진 긴 다리도 있다.

2. 역사

1) 러시아 제국 시대

19세기까지는 청나라의 지배 지역으로 만주의 일부였으나, 1860년에 북경 조약에 의해 연해주 일대를 청으로부터 인도받은 러시아 제국의 남부가 되었다.

2) 소련 시대

러시아 혁명 후, 블라디보스토크에는 일본, 영국, 미국의 주둔군이 진주했다. 1920년~1922년 동안, 극동 공화국의 지배하에 있어, 각지로부터 백계 러시아인이 밀려들었기 때문에, 시의 인구는 9만 1천 명에서 41만 명까지 증가했다.

3. 산업

주된 산업은 조선업과 어업, 군항 관련산업이다. 소련 붕괴 후에는, 일본 등지로부터의 중고차 수입이 왕성하여, 극동러시아 일대의 큰 시장을 이루고 있다. 현재는 자동차 산업을 적극적으로 유치하고 있어, 마쓰다(MAZDA), 도요타(TOYOTA) 자동차 등 외국계 자동차 진출도 활발히 진행되고 있다.

현재의 블라디보스토크 시내에서는, 일본으로부터 수입한 오른쪽 핸들의 중고차가 많이 달리고 있고 그 비율은 대략 90퍼센트 이상이다.

2009년 1월부터 러시아정부가 자국 자동차 산업의 보호를 목적으로 하여 수입차의 관세를 크게 인상했기 때문에, 현지에서는 큰 영향을 받았다.

4. 자매 도시

미국-샌디에이고 시, 타코마 시

한국-부산시

북한-원산시

중국-대련시

일본-니가타 시, 아키타 시, 하코다테 시

관광 명소로서 블라디보스토크 역, Lenin 기념상, 금각만 횡단다리, 매의 소굴 전망대, 러시아정교 대성당, 만에 접한 중앙광장 등을 들 수 있다.

5. 고려인 관련의 기념비와 교육 시설

1) 라즈드리노에역

블라디보스토크와 북부의 우수리스크의 중간에 있는 DMAU, 1937년 10월부터 소련 정권에 의해서 실시된 고려인 중앙아시아 강제 이송의 주된 역이었다.

2) 최재형의 집

연해주의 대표적 독립운동가로, 전 러시아 민족 중앙총회 명예회장으로서 활동하고 있던 최재형 선생이, 1919년~1920년 4월, 일본 헌병대에 의해 학살될 때까지 거주했던 집이다.

3) 연해주 신한촌 기념탑

1999년 8월 15일 신한촌이 있던 지역에 지어진 기념비로 3개의 비가 있다. 중앙의 제일 높은 것이 한국, 왼쪽이 북한, 오른쪽의 제일 낮은 것이 한반도 이외에 사는 전 세계의 한국인을 상징하고 있다.

4) 국제학교

남서울 은혜교회의 홍정길 목사와 남동생 홍정웅 총장이 8년 전 블라디보스토크의 신한촌에 와서 세운 학교이다. 유치원부터 고등학교까지 있고, 서울로부터 온 선교사들이 중심을 이루어, 학생들을 교육하고 있다. 교정 내에는 학교를 중심으로 교회나 직원 사택이 늘어서 있었다.

필자는 이 국제 학교의 교회에서 홍정길 목사와 만나 환담할 수 있었다. 내가 참석한 홍 목사의 일요일 설교는 매우 훌륭하였다. 그 성격도 드물게 보는 성실한 분으로 한국에서도 존경받는 목사라고 한다.

블라디보스토크에는 현재 민족학교가 없고, 옛 학교 기숙사나 사범 대학, 한국 김나지아 제일 학교가 폐교된 채 러시아계 기업으로 바뀌고 있다.

6. 고려인 대학교수

국제학교 객원 교수이자 선교사인 조상국 선생의 알선에 의해, 현지의 고려인 교수 부부와 점심 식사를 같이 할 수 있었다.

중년의 두 분은 러시아어를 주로 쓰고, 영어를 조금 할 수는 있었으나, 한국어는 조금 들을 수 있을 뿐 의사소통을 할 정도는 아니었다.

1) 게나디 박 (Gennady Pak)

1944년에 사할린에서 태어났다. 69세.

모스크바 와인스테이츄트대학교를 1971년(18세)에 졸업하고 현재, 극동 후에데랄 대학의 수학 교수로 재직 하고 있다.

부인의 안제리나 김과는 모스크바에서 만나 결혼했다. 슬하에 아들 2명이 있다.

아버지는 중학교 화학 교사로 캄차카로 전근해서 사할린에서 20년간 교사로서 근무했다.

2) 안젤리나 김 (Angelina Kim)

1948년생의 65세. 카자흐스탄에서 태어나 대학을 모스크바에서 졸업하고, 경제학을 전공. 현재 블라디보스토크에 있는 경제 대학에서 경영학과 교수로 근무하고 있다. 이 대학에서 고려인은 본인 한 명뿐이라고 했다.

부모는 1940년에 연해주에서 카자흐스탄으로 강제 이주를 당했다.

아버지는 카자흐스탄에서 초등학교 조선어 교사를 했으나, 1953년, 한국 전쟁 당시 캄차카로 전근을 왔고 당시 김 여사도 부모와 동행했다고 한다.

두 분에게는, 민족공동체의식이 아직 남겨져 있어, 필자를 향하여, 재일 한국인에 대해 많은 질문을 영어로 해 왔고, 서로가 친밀한 관계가 되었다.

7. 결말

극동러시아 여행에서 내가 느낀 것은, 러시아 동포 사회와 재일 동포 사회가 민족 교육이나 전통 문화 계승에 있어서 그 정체성을 잃어 가고 있다는 점에서 비슷하다는 것이었다. 재중 동포들은 국어와 한글, 전통 문화를 잊지 않았다. 나는 작년에 중국의 연길교회에서 초등학생 아이들이 모국어로 이야기하고 있는 것을 들었다. 최근 일본으로 유학을 오는 중국 조선족 대학생들은, 한국어가 능숙했었다. 그것은 중국에는 아직 민족학교가 존재하고 있기 때문이다.

앞으로 양 사회의 젊은 세대에게 한글을 가르치지 않으면 안 된다고 생각한다. '말이 마음'이며 '말이 민족'이기 때문이다.(권인섭 씨 담화)

2005년 5월 메릴랜드 조지타운 데이스쿨 11학년 이미한(17세) 양이 새로운 국가 새로운 세기 새로운 자유(A new Country, A new century, A new Freedom)라는 제목

연해주신한촌기념탑

으로 미국, 일리노이주 스프링필드의 링컨 박물관의 오픈 기념 이벤트 '에세이 콘테스트'에서 대상을 수상했다. 이양은 에세이에서 사람들은 자신의 언어로 사상을 나눌 자유를 위해 싸웠고 개개인의 사상을 가질 권리를 지켰다며 일본정부가 한글사용을 금지했던 1940년대 최초 한글 사전을 편찬하다 옥고를 치른 증조부에 대한 이야기를 했다. 이처럼 모국어는 그 민족의 정체성을 나타내는 근본이 된다. 재외동포들에게도 모국어 교육을 통해 우리민족의 혼을 심어 줘야한다고 생각한다.

32. 극동러시아 우수리스크 기행
- 고려인 문화회관과 기념비 -

2013년 7월, 나는 러시아 연해주에서 고려인이 가장 많이 사는 우수리스크를 방문하였다. 이 도시는 블라디보스토크에서 100km 정도 북쪽에 위치하여, 시베리아 철도와 중국, 북조선 철도가 합류·분기하는 교통의 요지이다. 인구는 약 16만 명으로 고려인은 2만 명을 차지하는 극동러시아에서는 세 번째 도시이다.

1. 역사

이전에는 청나라령으로 '쌍성자(双城子)'라 불렸다. 1866년, 이 땅이 청나라령에서 러시아령이 되어 동천철도와 연결되는 우수리스크 철도가 건설된 후에는 이 마을의 중요성이 증대되어, 1898년, 니코리스크 우수리스크 시가 되었다. 스탈린 사망 후 1957년, 보로시로후시에서 현재의 우수리스크 시로 개칭되었다. 1988년 러시아 연방 정부의 결정에 의해 시는 역사 도시로 편입되었다.

2. 산업

주된 산업은 농산물을 이용한 식품 산업이며, 그 밖에 금속공업이나 군수산업이 몇 개인가 있다. 또 중국으로부터의 상품 등을 취급하는 도매 센터 등 교역 기능도 있다.

고려인 문화센터

3. 고려인 문화센터 역사관과 기념비

1) 고려인 문화센터

현재의 관장은 아리랑 가무단 단장인 김 발래리어의 남편이다. 김 발래리어는 1990년 우즈베키스탄에서 우수리스크로 이주해 왔다.

고려인 역사관은 이곳에 있고 일제 강점기 연해주에서 항일 독립운동을 일으켜 희생자가 된 안중근 의사를 비롯하여 애국지사나 지식인들의 이름이 열거되어있으며 당시 항일 독립운동의 역사 자료가 집약되어 벽에 붙어 있었다.

2) 이상설 기념비와 소르비강

이상설 선생은 한국 충청북도 진천에서 태어나 우수리스크에서 서거한 독립운동의 리더이다. 1907년 7월에 고종의 밀사로, 이준과 함께 블라디보스토크로 와 헤이그 밀사 파견에 깊게 관여하고 헤이그 회의에 파견되어 한국 독립을 주장했다. 계속해서 연해주에서 성명회와 권업회를 조직 하고 독립운동에 헌신하던 중에 순국했다. 그의 유언에 따라 시체를 화장 하고 뼛가루를 소르비강에 뿌렸다. 기념비는 우수리스크 교외에 있는 발해 성터가 정면으로 보이는 소르비강의 언덕에 지어져 있다.

3) 4월 참변 추도비

1921년 4월 4일~5일, 일본군이 연해주의 고려인 거주지에 무차별 습격을 실시하여 무수한 인명을 살상하고 마을을 파괴했다. 신한촌에서 죽은 고려인은 약 300여 명에 달했다. 항일운동가 최재형 씨도 우수리스크에서 총살당했다. 여기에 피해자들을 조상하는 추도비가 우수리스크에 세워졌다.

4) 발해 유적과 장도빈 기념비

우수리스크시 교외에 있는 공원 내에 발해 시대의 사원 초석이 4개 놓여있다. 공원 앞에 건립된 장도빈 선생의 기념비에는 한글로 다음과 같이 쓰여져 있다.

장도빈 선생의 발해(698~926) 유적 연구 100주년을 기념하여 연해주 중세기의 고고학적 기념물 지역 (남 우수리스크 고도)에 이 기념비를 새운다. 장도빈 선생은 구한말 대한매일신보의 주필로서 일본의 강점에서 한국의 해방을 위한 운동을 전개했다. 사학자·사회 평론가·교육자인 선생은 1912년 10월 우수리스크 부근에서 한국인 첫 고대 건물 초석 등을 조사하여 발해의 옛 사원유적인 것을 추정했다.
2005년에 국립 극동대학교와 고려 학술문화재단이 공동으로 발해연구소를 설립하여 연해주

4월 참변 추도비

일대의 발해 유적 및 고고학적 기념물을 조사하여 큰 성과를 올리고 있다.

2012년 10월 9일
러시아 연방 극동대학교
대한민국 고려 학술문화재단

고려인역사관 항일영웅 59인

5) 전로(全露) 한족 중앙총회 결성 장소

이 건물은 당시 니콜스크우수리스크 실업학교에 있었다. 1918년 6월 13일부터 23일까지 제2회 특별 전로한족대표회의가 열려 민족의 자치와 항일 독립운동을 추진하기 위해 전로한족중앙 총회를 결성한 장소이다. 1919년 3월 독립운동 선언서를 발표하면서 이 총회는 최초로 임시 정부를 선포하여 대한 국민회의로 확대 개편되었다. (한로 수교 20주년 기념)

6) 우수리스크 시장

이 시장의 야채 매장에는 고려인 여성들이 대부분이었고 한국어로 대화해 주었다. 그녀들은 모두 중국 조선족으로 중국 동북지방으로부터 야채를 운반해와 여기서 장사를 하고 있다.

4. 고려인 영농단지와 집단마을

우수리스크에 있는 비닐하우스 농원단지에 우수리스크 크리스트 교회의 젊은 이기영 목사와 국제대학 이광구 선교사에게 안내받았다. 고려인 농원에서는 많은 비닐하우스를 이용하여 감자나 야채를 재배하고 야채 시장에 배송하고 있었다.

그 외에 우수리스크의 근교에는 우정마을이나 고향 마을과 크레모어 마을 등이 있다.

금년 2013년 9월 16일~18일에 블라디보스토크에 있는 국제학교에서 추석 문화제를 열게 되어있다. 2005년경까지는 우수리스크 고려인 사회에 민족 문화 학교나 민족학교가 창립되고 있었으나 현재는 대부분이 없어진 것 같다. 소련 정권 시대에 고려인의 민족학교는 폐지되었다.

5. 고려인 문화축제

러시아 연해주 이주 150주년을 기념하여 내년 2014년 9월에 우수리스크에서 기념대회가 열리게 되어 있고 아직 장소나 일정은 정해져 있지 않다. 눈물과 감동의 축제가 될 것이 틀림없다. 2006년 11월에 NHK에서 방영된 최 서샤(5학년, 11세)를 주인공으로 한 〈고려인 소녀의 한여름〉이라고 하는 크레모어 마을에서의 기록 영화는 보는 사람에게 감동을 주었다.

지금까지의 축제회의의 예를 들면 다음과 같다.

2005년 10월 8일에 우수리스크 패트리어트 경기장에서 러시아 연해주 고려인 문화의 날 축제가 성황리에 열렸다. 4,000여 명이 참가한 이 문화 축제는 우수리스크 문화 자치회가 주최하여 우수리스크 정부, 한국 북동아시아 평화연대, 한국영사관이나 재러시아 기업회사, 대한항공, LG 등 한국의 11개 단체의 후원으로 열렸다.

이것은 현 정부가 고려인들이 사는 현장을 중시하고 있다는 것을 나타낸다. 이 날의 축제 행사에 한국에서 온 공연단 등 23개 팀의 공연단이 다양한 종목을 공연하여 장내는 시종 열렬한 분위기가 계속 되었다. 지금까지 5회 이상 열린 고려인 문화의 날 축제를 통해서 조국 문화의 우수성을 러시아 사람들에게 알리도록 노력해 왔고 동시에 민족의 자부심과 정체성 회복에 도움이 되도록 했다라고 당시의 사무국장 황광성 씨는 말하고 있다.

재일 사회도 러시아 연해주 고려인 문화의 날 축제의 예를 모방하여 재일 청년들의 민족적 자존심과 정체성 회복을 위해 일 년에 한 번 문화제를 열어야 한다고 생각한다.

(2013.8.7.)

33. 러시아 연해주의 고려인 (1)
- 초기 이주와 백의민족 -

고려인이 본국으로부터 극동러시아로 이주하기 시작한 것은 1860년대부터라고 한다. 이번 러시아 연해주 여행 중, 블라디보스토크 국제학교의 선교사 황돈연 씨가 귀중한 문헌을 제공하였다. 그 문헌에는 고려인의 초기 이주사, 백의 한복차림의 모습, 집단 거주지의 상황 등이 러시아어와 영어로 기술되어 있었다. 이 책자의 내용이 당시의 극동러시아에의 이주사와 재일 동포의 일본으로의 이주사와 상통 하는 점이 있어 여기에 소개하기로 한다.

1. 러시아 연해주로의 이주

고려인이 블라디보스토크에 나타난 것은 1864년대 초기로 중국인보다 늦다.

그들이 러시아령으로 이주해 온 것은 1864년대 초기이며, 게다가 여럿이서 왔다.

1860년~70년, 그들은 이 도시의 포시예트 지구에 정착하여 농업생활을 했다.

1870년대 초기, 고려인 농부들이 블라디보스토크에 하절기 일을 찾아 왔고, 이들 중 많은 농민들이 정착하게 되었다.

직업적으로 말한다면, 그들은 중국인과 달리 대부분 기술이 없는 단순 노동자였다. 도로공사장 인부, 항구의 짐꾼, 철도의 운반인, 목재공, 토목공, 운송업자, 그리고 도로 청소사 등이었다.

20세기 초기, 그들 중 소수는 러시아어를 배워, 세일즈맨으로 또 조선학교의 교사가 되어 일했다. 시의 시장에서는 포시예트 지구의 고려인촌이나 블라디보스토크

우리자오 역에서 열차를 기다리는 고려인 이주민들

교외에서 재배한 농산물을 팔았다. 또한 시의 주민에게 육류를 공급하기 위해 조선에서 가축을 옮겨 왔다. 고려인 중에서는 유명한 계약자, 청부업자, 점주나 쇼핑 업자도 있었으나, 중국인과 비교해 볼 때 적은 편이었다.

시의 고려인 사회는 성별과 연령 차이에 의해 구분되어 있었다. 고려인들은 대가족으로 살기 때문에 그곳에는 남편이나 아이가 있는 아내와 조부모, 가까운 혹은 먼 친척들이 포함되어 있었다.

시내에는 중국인이나 고려인이 많이 사는 지구가 있었다. 우선, 미리노카라고 하는 장소가 있고, 북경인거리, 세묘노후스카야거리, 폰타나야스카야거리라고 하는 지역이 있었다. 주택은 목조 가옥이었고, 20세기의 법률에 따라, 외국의 아시아인이 부동산을 사는 것은 금지되었다. 법률이 통과하기 이전에는, 중국인들이 차용한 고려인 빌딩도 있었지만, 그것들은 중산계급의 러시아 상인이 소유하고 있었다.

1) 시외 지역으로 이주

1870년대 중기부터 시의 행정관은 중국인이나 고려인이 살고 있던 마을을 시의 교외로 옮기도록 조처했다. 1880년대에는 시의 행정관이 중국인이나 고려인을 블라디보스토크 교외로 옮기기 위해 토지를 분배하였다.

이주를 계획한 이유로는 이러한 많은 아파트 거주지가 빈곤한 중국인의 피난처로 사용되고 있었기 때문이다. 때로는 1실에 10명~20명이 살고 있었다. 모든 것이 혼잡하고, 비위생적이었고, 주거비나 생활비를 줄이는 것은 중국인의 특징이었다.

2) 불법 이주민

그 지역에는 불법 이주민들이 대부분 이었다. 그들은 증명서도 없고, 러시아에 거주할 권리도 없었다. 또, 자국의 여권 역시 없었다. 경찰은 정기적으로 그들의 주택지구에 침입하여 중국인의 도박장이나 아편흡연소를 감시하고 있었다. 신문은 정기적으로 러시아의 법률을 어긴 중국인 체포자나 마약 조직의 정보 등을 보도했다.

2. 한복의 고려인

다음의 문장은 러시아인이 기록한 것이다.

아마, 그들은 블라디보스토크의 주민이 아니고, 이국에서 온 계절 노동자 같았다. 그들은 전통적인 한복을 입고 있었다. 남성의 상의(上着, 저고리, 한복)는 짧고, 몸을 싸는 느슨해진 코트(저고리)에, 길고 넓은 소매와 헐렁헐렁한 속옷(下着, 바지)이었고, 그것들은 허리와 무릎의 주위를 감싸고 있었다. 여성은 짧은 상의를 입고 있었는데, 그것은 높게 위치한 허리라인

(waist-line)과 길고 좁은 소매(袖, sleeve)로 되어 있었다. 블라우스(blouse)는 비스듬하게 싸이고 옷깃에 계속 되는 높은 리본으로 연결된다. 그 아래에는 느슨한 팬츠와 허리라인이 높은 헐렁한 스커트를 입었다. 때때로, 그들은 여러 가지의 속옷을 입고, 그것은 옷의 윤곽을 크게 보이게 하기 위한 것이기도 했고, 겨울에 의복을 따뜻하게 하기 위한 것이기도 하였다.

복장은 대부분이 백색. 동절기에는 윗도리와 속옷에 아마 안에 면을 넣고 있던 것 같다. 느슨한 오버의 의상은 기본적인 복장으로 입고 있었다. 조선 남자의 특유한 모자(冠帽)는 주위에 차양(날밑, 鍔)이 있는 원통형을 이루고 있었고, 머리 위에서 턱까지 리본으로 연결되고 있었다. 이 장비에는 부드러운 느낌이 드는 구두 혹은 줄이나 밀짚으로 만들어진 샌들(sandal)이 구비 되어있었다. 그리고 비오는 날은, 돈대를 높인 목제구두를 신고 있었다.

서구풍 복장(재킷, 모자, 캡 등)이 이윽고, 러시아 극동에 사는 고려인 사이에 널리 유행하였다. 이 복장은 그 당시의 유행하던 모습이었고, 소유자의 사회적 지위를 반영하였다.

상기의 의상은 당시의 유복하지 않은 조선 농민들의 백의 차림을 나타내고 있다.

○ 한복에 대하여

한복은 한반도의 민족의상이고 그 자체가 하나의 문화이며 예의이기 때문에 단정한 의상이 많다. 남성의 경우, 저고리(윗도리)와 바지(하의)에 조끼 혹은 마고자(마괘자, 거듭해 착용하는 윗도리)를 입는다. 여성의 의복은 저고리(赤古里, 襦)와 치마(裳)로 구성된다. 그리고 머리에 관모를 얹고 허리에 띠를 감으며, 구두 또는 짚신(草履)을 신는다. 이 위에 두루마기(외투의 일종)를 착용하면 내한성이 뛰어난 의복이 된다.

현재 일반적으로 볼 수 있는 치마저고리는 원색을 사용하여 화려한 것이 많다. 그러나 조선 민족이 '백의민족'을 자칭 해 온 것처럼, 옛날은 조정에 의한 서민에 대한 색부복의 착용 제한도 있다, 보통 흰 옷을 착용하였다.

영국의 여성 여행가 이자베라 버드의『조선 기행』등에 기술된 대로, 조선의 일반 서민 남성은 20세기 초까지 흰 옷을 입는 경우가 많았다.

현재 한국에서 착용되고 있는 한복은, 남성은 양반풍의 것, 여성은 궁녀풍, 기생풍, 양반의 자녀풍의 것이 눈에 띈다. 1910년대, 가슴을 노출한 저고리를 착용하는 서민 계급 여성이 많았다. 그러나 현재의 한국에서는, 소매의 부드러운 곡선, 전체를 긴축 시키는 흰 바탕의 동정(半袖), 맞댐벌과 같이 입는 형태가, '민족의상 한복의 3대 미'라고 여겨진다.

3. 당시의 아시아인 주거지 환경

1886년과 1890년의 콜레라 유행기에, 중국인이나 고려인을 시의 경계 밖으로 이전 시킬 수 없었다. 1893년 4월 30일, 블라디보스토크의 러시아 국회는 중국인이나 고려인에 포스레티나야 거리나 쿠페르로브스카야대의 밖에 있는 토지를 분배했다. 블라디보스토크가 급속히 성장해 가는데 반하여, 이전은 늦었다. 그 이유로서 거주용 건물이 부족한 것과 19세기 말까지 아시아인 지구가 시와 합병되어 있었기 때문이다. 시의 다른 위원회도 아시아인의 이전을 법률로 결정했으나, 시행되지는 않았다.

1906년 4월, 시의 러시아 국회는 중국인과 고려인을 쿠퍼 계곡을 넘는 특별 지구 이전을 결정했다. 한편으로 러시아 국적 소유자, 토지 소유자, 1~2급의 상업 면허증 소유자, 1~3급 기업의 종업원이나 노동자, 우라지오 지방의 셋집에 사는 사용인들은 특구 이외에 거주가 허가되었다.

아시아인들은 시의회가 타지구로의 이전을 1911년, 1912년, 1915년에 결정했음에도 불구하고, 시의 중심부에 계속 살았다. 장기에 걸치는 시의 계획에도 관계없이, 그들은 거리의 중심부에서 이주하지 않았다. 반대로 그들은 쿠페르로브스카야대의 지구에 밀집해 살게 되었다.

한편, 이 밀집지구의 위생 환경이나 쾌적감은 비평의 역을 넘고 있었다. 아시아인들의 이주지, 정주지에는 망가진 발락 주택이나 시궁창지, 도랑, 위법 가옥, 배수 파이프로부터의 개수대등이 만연하는 것이 특징 이었다.

　상기와 같이 러시아인이 기술한 내용에서 러시아 극동 이주 초기의 아시아인 거주 지구가 얼마나 비참한 상황에 있었던가를 엿볼 수 있다.

문헌〉

1) 『고려인의 이주 역사』(러시아 · 영문판).
2) '한복'(Wikipedia, 2013).

(2013.8.20.)

34. 러시아 연해주의 고려인 (2)
- 소련 민족정책과 강제이주 -

　2013년 7월, 필자는 극동러시아를 방문하여 고려인 문화시설을 견학하고, 이곳의 지식인들을 만나 고려인 이주역사에 대해 토론하는 기회를 가질 수 있었다. 특히, 극동러시아로부터 중앙아시아로 강제 이주 당한 고려인들의 처참한 역사는, 필자로 하여금 가혹한 시대의 실상을 회상케 했다. 고려인의 강제 이주는 공산주의 시절 소련정권의 소수민족 추방과 숙청 정책의 일환으로 벌어졌다.

1. 고려인 농민의 경제 상태

　러시아 극동에 고려인이 처음 거주한 것은 1860년으로 알려진다. 초기에는 조선에 기근이 발생하여 생활양식을 구하러 연해주에 이민 온 정착민들이 대부분이었다. 이후 1910년 전후, 일본이 조선을 식민지화하면서, 정치적, 경제적 압박을 피해 많은 고려인이 러시아령에 재차 이주해 왔다.

　러시아에 이주해 온 고려인은 대부분 농업에 종사하였는데, 그들의 가장 심각한 문제는, 그중 일부만 경작할 토지를 가졌을 뿐, 설사 가졌더라도 매우 적은 면적의 토지에 지나지 않았다는 것이다. 나머지 대다수의 정착민들은 경작할 토지가 없었던 것이었다. 많은 고려인의 경제 상태는 비참하였는데, 다음의 수확까지 식량이 부족한 적이 빈번 하였다고 한다.

　1923년, 극동주의 고려인 인구는 11만 280명으로, 주 전체의 7%에 달하였다.

　1922년 12월 1일부터 시행된 러시아 공화국 토지 법전은, 국내의 사적 토지 소유를 폐지하고 토지를 공유화하여, 토지를 스스로 경작하는 국민에게는 무기한 토지 경작권을 부여한다고 공포하였다. 그러나 러시아 국적을 취득한 사람이라도 자신의 토지를 가지지 않는 고려인이 상당수였다. 연해주의 고려인 70퍼센트가 비밀리에 경작권을 가진 사람들에게 부득이 토지를 빌려야 했으므로 5,000명의 고려인이 러시아를 떠나 만주로 이주하였다.

1929년 우라지오 관할구역에서 실시된 조사에 의하면, 소련 국적의 사람이 차지하는 비율은 48.4%, 외국적이 51.6%이었다. 그 중 자신에게 국가가 경작을 허락한 땅을 가지고 있는 자는, 소련 국적인의 59.5%, 외국 국적인의 10.1%로, 전체의 31.1%에 지나지 않았다. 또, 전체 고려인 세대의 8.9%는 토지를 소유하지 않은 채 농업 노동자로서 일하였다.

1927년에 개최된 제2회 극동 지방 소련대회에서 고려인 대의원이 다음과 같이 말하였다. "고려인들이 이주하여 30년이 되지만, 여기에 있는 고려인 이주민은 힘이 쇠해져 향후 어떻게 될지 모르겠다." 그들은 현지의 토지 관리국으로부터 곡물의 배급을 받을 정도로, 곤궁한 생활을 꾸려나갔다.

한편 고려인은 20세기 초부터 벼농사를 시작하였다. 비록 논란이 있긴 하지만, 쌀을 최초로 가져온 것이 고려인이라는 점에서는 일치하였다. 시베리아 출병 시 진주한 일본군의 식량으로 쌀이 전용되었는데 이러한 수요로 말미암아 극동러시아의 벼농사는 더욱 발전했다.

벼농사의 급격한 발전 배경으로는, 밀이나 호밀의 2배 이상에 달하는 쌀 가격을 들 수 있다. 1920년대의 벼농사는 고려인의 손으로 경작되었다. "논의 파종, 제초, 수확은 일일이 수작업으로 행해졌는데, 기계화 되지 않은 채 쟁기에 의존한 경작은 다분히 노동 집약적이었고, 이러한 노동력의 근간은 고려인이라 할 수 있다." 그 때문일까, 현재의 중앙아시아나 러시아 극동 지구에서의 논은 격감하고, 면이나 밀 등을 경작하여, 많은 논들이 놀고 있는 실정이다.

제정 시대, 러시아인의 지주에게 수탈당한 가난한 고려인들은, 소련정권 수립 시, 이러한 예속적 상태를 벗어날 것이라고 기대하였으나, 그들의 소망은 새로운 정부의 토지 개혁 이후에도 이뤄지지 않았다.

2. 국적 문제

러시아 극동에 이주해 온 고려인에게, 일본인은 조국의 독립을 노리는 이들의 뜻을 짓밟았던 적이었다. 1918년 8월, 일본군은 블라디보스토크에 상륙했고, 20년 다른 나라들이 본국으로 돌아간 뒤도, 거류민 보호를 명목으로 극동에 계속 눌러 앉았다. 당시, 일본은 대륙에 대한 세력 확대 외에, 극동지역에서 조선 독립운동을 탄압하였다. 일본군은 러시아의 혁명 지도부와 함께 조선 독립운동을 가혹하게 탄압하였다. 특히 고려인 마을을 습격하고 주민들을 체포하였으며, 민족학교나 신문사를 다 불태웠다. 이 때 러시아 극동의 고려인은, 일본의 침략에 저항하였을 뿐만 아니라 소련 정권 수립을 위해서도 싸웠다.

제정 러시아 시대처럼, 소련 정권 하에도, 국적 없이 러시아에 체재하는 고려인은 거주 허가증을 구입해야만 하였다. 그러나 소작료 지불에 허덕이던 그들은 거주 허가증을 살 여유가 없었고, 불법으로 체류하였다. 1924년 극동 혁명위는, 1918년 이전 극동으로 이주한 고려인 노동자에 대해서는, 제출 서류의 일부나 인지세의 면제 등 일부 수속을 간략화했다. 하지만 현실에서는, 우선적으로 국적이 주어진 것은, 공산주의자, 구유격대, 의원이나 토지를 가진 있는 고려인뿐이었다. 그 결과 1926년의 전체 고려인 인구 16만 8,009명 가운데 절반에 달하는 조선인이 외국적 또는 무국적으로 남았다.

1920년대, 새로운 이민자들이 차례차례로 밀려들어 오는 가운데, 극동러시아는 국경 지역에 다수의 외국적 고려인이 거주하였다. 소련 정권은 일부의 고려인에게는 국적을 부여했으나, 모든 고려인의 귀화에는 소극적으로 대처하였다. 한편, 고려

인에게 국적을 주어 또한 자치영역을 주는 것이, 국제 공산주의 운동의 관점에서 중
요하여 더 노력해야 한다는 의견도 있었다. 이 국적 문제는, 긴박한 국제 정세의 흐
름에 따라 고려인의 이민이 금지되면서 최종적으로 해결된다.

3. 강제 이주

1) 1930년대의 국내·국제 정세

소련의 30년대는, 확실히 추방의 시대로 막을 열었다. 그 최초의 희생자는 '클라
크'의 낙인이 찍힌 사람들이었다. 그들은 러시아 북부, 시베리아, 카자흐스탄 등으로
이주 당했다.

하나의 민족 전체에 이적행위의 죄를 뒤집어씌워, 전체를 추방한 최초의 사례로
고려인의 강제 이주는 이후 나쁜 사례로 활용되었다. 제2차 대전 시기에 많은 민족
이 고려인과 같은 운명을 거쳤다. 체첸인, 타타르인, 그리스인, 독일인, 쿠르드인 등
여러 민족이 그러하였다.

그러나 이 비극을 체험한 것은 소수민족만이 아니었다. 1920년 봄, 주로 러시아인
으로 구성된 북 카프카스의 코사크는, 소련 정권에 저항했기 때문에, 토지를 몰수당
하고 강제 이주 당했다. 다양한 구실을 이용해 초기 20년대에 시작한 추방 조치는,
30~40년대에서는 러시아 영내의 도처로 퍼졌다. 소련정권 체제 측에는 고려인의 강
제 이주도, 그러한 강제 이주의 하나에 지나지 않았던 것이다. 또, 30년대는 대숙청
의 시대이기도 했다.

2) 국경 지역으로부터의 이주

1937년 8월 21일, 정부·당중앙위원회의 극비 결정에 의해, 국경 지역으로부터의
고려인 추방 명령이 내렸다.

강제이주 화물차

극동 지방 국경 지구의 고려인 주민의 이주에 대해서, 극동 지방에서 일본에의 스파이 활동 침투를 저지하기 위한 조치의 일환으로 시행되었다.

이 결정에 의한 강제 이주는, 2회에 걸쳐 이뤄졌다. 제 1차 이주는 9월 9일부터 23일에 걸쳐 포시예트 지구 등에서, 제2차 이주는 9월 24일부터 10월 3일간 이뤄졌다. 그 결과, 이주 개시부터 10월 3일까지, 약 7만 8,000명이 추방되었다.

각 열차에는 고려인을 싣기 위한 화물차 외에, 위생차, 취사차가 1량씩 있었다. 이주자의 화물차는, 한 열차 당 50~60량 중 대부분을 차지하고 있었다.

하나의 열차로 옮겨진 인원수는 1,000명 이하 또는 2,000명을 넘는 경우도 있었으나 대부분은 1,400~1,600명이었다. 또 1 차량에는 평균 26~30명, 5~7 가족이 탔다. 이 결정에서는 이주를 38년 1월 1일까지 종료한다고 알려졌으나, 실제로는 훨씬 일찍 강행되었다.

3) 전 극동 지방에서부터 이주 – 9월 28일의 정부 결정

8월 21일의 당·정부 결정이 나오고 나서 약 1개월 후, 극동 지방 전역을 대상으로 남은 고려인의 이주 명령이 떨어졌다. 대략 2만 1,000세대에 달했다.

이 결정에 의해서, 제1, 2차에 이어, 제3차의 이주가 이뤄진 것이다. 상기의 2만 1,000세대 가운데, 10월 3일부터 14일에 걸쳐, 4만 4,977명, 928세대가 이주 당했다. 이주가 종료한 10월 25일까지 계속 되었다고 생각되고 있다.

게다가 내가 극동의 고려인 대학교수로부터 들은 것은, 부모가 1940년에 우라지오로부터 카자흐스탄에 강제 이주 당했다는 것이다.

4. 고려인의 비판, 한탄, 그리고 분노

소련 정부의 이주 조치에 대해서, 고려인의 분노는 상당했다. 강제 이주의 명령이 너무 당황스러웠기 때문에, 대규모 저항 운동은 없기는 했으나, 소코로후 내무 위원부 대장의 이주 직전의 보고에는, 고려인의 분노, 불안, 당황이 여실히 기록되고 있다.

① 낙관자: 그 중에는 "정부가 결정한 것이라면 따르지 않으면 안 된다" "저 편에서는 아마 우리를 위해서 조선인 자치주가 만들어질 것이다"라고, "러시아인은 쌀을 재배할 수 없기 때문에 우리를 귀환시키지 않을 수 없게 될 것이다" 등 사태를 낙관하는 사람도 있었다.

② 비판자: 당연한 일이면서 이주 정책을 비판하는 사람이 많았다. "우리 조선인 당원을 신용하고 있지 않다", "나의 얼굴색이 다르다는 이유로, 나를 추방하는 것인가. 어느 당원 후보는, 내부 인민위원이 조선인을 탄압하는 것은 조선인 한 사람 한 사람을 모두 스파이로 간주하고 있기 때문이다." 또 다른 사람은 "정부는 조선인을 몰살하려 했지만, 그렇게 할 수 없기 때문에, 도중에 모두 죽어 버릴 것이라고 계산하고 이주를 시작하기로 했던 것이다"라고 말하고 있었다.

또 결정의 신빙성에 대하여 "스탈린 동지가 우리를 이주시키라고 말했을 리가 없다"라고 의심하는 자도 있었다.

"나는 카자흐스탄에 연고가 있으니까 알고 있지만, 극동의 거주민은 카자흐스탄의 기후를 견딜 수 없다. 만약 이주 당하면, 모두 반드시 죽어 버린다"라고 하는 군인 안드레이·파크의 발언은 고려 사람들의 불안을 한층 더 심하게 했다.

그 밖에도, 매우 무책임한 발언이 확인된다. "하고 싶은 대로 시켜보자, 이주 시키고 싶은 대로 하라, 나는 피스톨로 자살한다", "이주에 관한 결정은 올바르지 않다. 이주를 위한 시간은 별로 주어지지 않고, 돈도 없다. 우리를 데려가서 내팽개친다. 군인 앞에 모여 총 맞아 죽는 편이 한층 더 낫다. 어느 쪽으로 해도, 우리는 죽으니까."

그 밖에 고려인 소련 집단 농장원은 이렇게 한탄하고 있다. "언제나 우리는 굶고 있었다. 하지만 이제야 뭐든지 충분하게 되고 살림도 좋아졌는데, 우리를 어디엔가

라즈토리노 역

몰아낸다면 또 굶게 될 것이다." 어느 소련 집단농장에서는 어떤 사람이 국외 탈출하려고 다른 고려인을 유혹했으나 따라 가는 사람은 없었다.

스팍스 지구에서는 많은 사람들이 "우리는 벌써 긴 시일 동안 소련에 살고 있었다. 만주보다 이쪽이 좋다"라고 생각하고 있었다.

8월의 이주 명령이 나오는 며칠 전에 카자흐스탄에서 온 아나트리 김은 "카자흐스탄에서는 기아와 말라리아가 맹위를 떨쳐 사는 집도 없다. 이주 당한 사람은 모두 죽을 수밖에 없다"라고 하는 소문을 퍼트렸다. 그 영향으로 도망을 시도하는 사람도 나타났고, 국외에 탈출하려고 한 고려인 4명이 체포되었다.

민족 차별에 대한 분노는, 한층 격렬해지고 있었다. "소련 정권은 조선인을 개만도 못하게 생각한다. 조선인에게는 스탈린의 정책이 기관총이나 대포의 총알보다 무섭다."

그리고 국가에 대한 분노는, 러시아인에 대한 반발로 연결되었다. "소련 정권은 민족 사이의 권리는 평등하다고 말하지만, 실제 그런 것은 없다. 러시아인이 명령하면 고려인은 따를 수밖에 없다", "우리는 러시아인을 혐오한다. 확실히 말해서 우리는 텐트 안에서 죽기 위해 이주 당한다."

소코로후의 보고로 언급된 고려인들의 상당수는 체포 또는 이주 후에 그 언동이 보고되었다고 한다. 어느 시대에도 지식인은 정권의 희생자가 되는 것 같다.

고려인들은 자신에 대한 차별에 화나고 불안에 몰려 혹은 허무해진 채, 중앙아시아에 화물열차로 이송됐다. 우즈베키스탄과 카자흐스탄에 이주 당한 고려인의 일부는, 키르기스스탄과 러시아의 보르고그라드주 아스트라한의 관할구역으로 보내졌다. 또 1937년 이후, 극동 이외의 러시아 각지에 사는 고려인에 대해서도 강제적인 이주 조치가 적용되어 1945년 말까지 거의 모든 고려인이 중앙아시아로 보내졌다.

그러나 소련의 고려인의 역사는 이러한 비극으로만 점철되어 있는 것은 아니다. 강제 이주 후, 그들은 무수한 어려움을 넘어 중앙아시아에서도 가장 성공한 민족의 하나로 꼽히고 있다(오카 나쓰코 문헌).

향후 매년, 러시아 연해주에서 문화제를 열어, 그 행사를 통해 이국 타향에서도 민족정신을 계승하여, 민족 사랑의 정신을 꽃피우게 해주었으면 한다.

문헌〉

1) 오카 나쓰코(岡奈津子),『러시아 극동의 조선인-소련 민족 정권과 강제 이주-(Ⅰ)(Ⅱ)』, Slavic Research Center, 1998.

(2013.8.4.)

35. 러시아 연해주의 고려인 (3)
- 이주사와 민족 독립운동 -

나는 2013년 7월, 극동러시아 여행 중에서 우수리스크 고려인 문화센터에 있는 고려인 역사관 안에 진열·전시되고 있는 고려인의 이주사나 항일 독립운동에 관한 사료와 사진을 열람할 수 있었다.

그리고 현지의 문화인에게 귀중한 많은 자료가 들어있는 문헌집을 제공받았기에 그 일부를 자세히 해설하며 소개하려 한다.

1. 러시아 연해주로의 이주

1863년부터 시작된 고려인의 이주는 1910년, 일제의 조선 강제 점거 이후까지 계속 되었다. 특히 구한말부터 연해주는 대외 독립운동의 구심지이며 희망의 등불이었다.

1) 제1기(1863년~1884년) 조로 수호 통상조약 체결 – 러시아의 우호적인 태도로 힘을 얻어 고려인들의 이주가 계속 되었다.

2) 제2기(1884년~1893년) 일제의 조선 침략이 본격화됐던 시기 – 고려인의 이주가 급증하면서 러시아의 정복 정책이 시작되었다.

3) 제3기(1893년~1910년) 1910년 일제의 조선 강제 점거 전후 – 독립운동을 위해 애국자들의 망명 이주가 크게 확대됐다.

4) 제4기(1910년 일제의 강점 이후) – 일제에게 토지를 빼앗긴 농민들이 대거 연해주로 이주했다.

2. 블라디보스토크의 신한촌

1874년 블라디보스토크에 일으킨 개척마을. 고려인들은 꿈과 희망을 가지고 이 마을을 일으켰다. 그러나 콜레라가 창궐하여 러시아정부는 시 외곽으로 주민들을 강제 이주시켰다.

새롭게 개척된 마을을 신개척 마을이라고 불렀고 고려인들은 "신한촌"으로 칭했다. 새로운 한인마을이라고 하는 의미의 신한촌은 중앙아시아에의 강제 이주까지 존속하여 해외 독립운동가들의 활동 근거지가 되었다.

3. 연추 항일결사 동의회

1908년 4월 최재형, 이범윤, 이위중 등이 연추(煙秋, 현재의 쿠라스키노)에서 의병단체 '동의회(東義会)'를 결성한다. 연추는 국내 진공 작전을 전개하고 있던 의병들의 근거지였다. 한편 1909년, 동의회 소속의 안중근 의사는 단원 12명과 함께 비밀 결사체 '동의단지회(東義斷指会)'를 조직한다. 그들은 연추의 칼리에 모여 왼손을 단지했다. 그들이 남긴 '대한독립'이란 4문자의 혈서는 오늘까지 명확히 남아 있다.

4. 조국의 독립을 뜻한 혼화

연해주, 이곳은 다수의 애국자들이 조국 독립을 위해 영혼을 불태운 장소였다.

외교적 노력을 기울임과 동시에 의병을 조직하여 일제와 격전을 전개했다. 또 신문을 통해 대외 선전전을 펼치면서 학교나 각종 단체에 대해서도 민족 계몽의 선두에 섰다. 3·1만세운동도 연해주에 퍼지는 큰 횃불이 되었다. 그들 영혼의 의지로 타오른 불길은 사라질 리 없는 혼화가 되어 연해주를 비추었다.

5. 이범진의 국권 회복 운동

1901년, 대한제국 초대 러시아 공사에 부임한 이범진은 1905년, 을미조약에 의해 국가의 외교권이 박탈되자 일본의 소환 명령을 거부한 채로 대한제국 황제의 특사로서 항일 구국 활동을 전개했다.

1907년 아들 이위종을 헤이그 밀사로서 파견하고, 연해주 항일 의병 조직인 '동의회' 결성에도 참가했다. 그러나 일제의 조선 강점이 완료되던 1911년, 결국 그는 스스로 목을 매달아 생명을 끊었다. 끝까지 일제에 저항한 그의 유해는 상트페테르부르크 우즈벤스크 묘지의 제3구역에 매장되고 있다.

6. 연해주의 만세운동

1919년 국내에서 3·1운동이 일어나자 연해주에서도 만세운동이 불꽃 같이 타올랐다. 이 운동을 주도한 핵심 단체는 대한 국민의회였다. 그들은 우수리스크에서 독립선언서를 선언한 후 블라디보스토크와 연추 등으로 만세운동을 확산해 갔다. 한편 신한촌에 있던 고려 사람들은 한민 학교를 중심으로 만세운동을 전개하여 조국 독립의 정열을 태웠다.

7. 일제의 잔인한 보복과 4월 참변

독립운동이 불붙자 놀라 탄압에 나선 일제는 1921년 4월 4일~5일의 2일간에 만행을 저질렀다. 일본 군대는 연해주의 고려인 거주지를 무차별하게 습격했다. 시베리아 항일운동의 대부였던 최재형도 우수리스크에서 총살당했다. 현재 우수리스크에는 피해자 추도의 비가 세워져 있다.

8. 대한광복군 정부와 독립전쟁의 열망

1914년 권업회가 주축이 되어 출범한 대한광복군 정부는 블라디보스토크를 근거지로 설립된 망명 정부이었다. 권업회의 이상설·이동휘들이 주축을 이루어 흩어진 무장 독립운동 단체를 모아 독립전쟁을 수행하는 정부를 수립했다. 초대 대통령에 이상설이 부통령에 이동휘가 선출되었다.

○ 이상설과 이동휘

이상설은 1906년 간도의 용정에 민족학교를 설립하고, 1907년에는 네덜란드 헤이그의 제2회 만국 평화 회의에 고종의 특사로서 파견됐다. 이동휘는 1907년 의병 봉기에 실패한 후 안창호들과 신민회를 조직 하였다. '105인 사건'에 의해 투옥되었으나 석방 후는 시베리아에 망명 권업회와 한인 사회당의 중심적 역할을 완수했다.

9. 권업회의 활동과 의의

1911년 5월 신한촌에 본부를 두는 '권업회'가 창립되었다. 초대회장은 최재형 부회장 홍범도. 본회의 목표는 '독립전쟁'을 수행할 수 있는 독립군의 양성과 정부 수립이었다. 그러나 제1차 세계대전을 계기로 일제와 제휴한 러시아의 탄압을 받고 해체되어 버린다.

10. 스탈린에 의한 탄압

소련 체제는 1920년 말기부터 안정기에 들어간다. 급속한 공업화와 국방력 강화를 배경으로 1930년대부터 러시아 민족주의가 대두되기 시작했다.

집권 중이던 스탈린은 '일국 사회주의'를 표방하면서 강력한 중앙집권 정책을 실현해 갔다. 민족의식과 정치의식의 높은 고려인들은 상시 경계 대상이 되었다. 고려인 민족주의자들은 차례로 숙청되어 결국 연해주의 고려인 전체가 중앙아시아에 강제 이주하게 되었다. 고려인 사회의 주요한 지위에 있던 그들은 체포 후에 대부분이 처형되었다.

11. 연해주 고려인 사회의 성숙

2011년 11월 28일, 우수리스크 민족문화 자치회가 연해주 민족자치회로 새로운 출발을 하게 된다. 이 회의 역할은 고려인 문화언어 교육 등을 통하여 민족문화의 언어를 살려 다른 소수민족들과의 관계를 양호하게 유지하고 상호 교류를 통하여 서로의 발전에 노력하는 데 있다.

(2013.8.8.)

36. 러시아 연해주의 고려인 (4)
- 무장 투쟁과 재이주 -

연해주의 고려인 사회에의 강제 이주나 독립운동사를 연구하는 가운데 나는 고려인 의용군을 비롯하여 고려혁명군이나 유격대 부대 병사들이 일본군 및 일본군과 러시아 백군 연합군과의 전투 중에서, 많은 희생자를 낸 것을 알았다. 특히 고려 혁명군의 경우 약 280명 이상의 전사자가 기록되어 있다. 타국을 침략하여 군사 행동을 일으켜 가옥을 파괴하고 타국의 병사나 주민을 많이 살상한 침략전쟁의 역사를 우리는 바로 알아야 할 것이다.

1. 중앙아시아의 원야에 방치된 사람들

연해주에서 6,000㎞나 떨어진 반 사막지대에 고려인들은 이 원야에 방치되었다.

카자흐스탄의 아르마타나 위스로베이트 지역 그리고 우즈베키스탄의 타슈켄트 남부. 여기는 제정 러시아 시대부터 유배지로서 유명했던 막막한 원야였다.

스탈린에게 제출된 최종보고서에 의하면 카자흐스탄에 20,170 가족, 총 95,256명, 우즈베키스탄에 16,272 가족 총 76,525명으로 합계 171,781명이 강제 이주 되었다.

2. 연해주 희망의 씨앗

연해주는 고려인에게 기억의 근원이며 약속의 땅이었다. 또한 역사상에서의 속박을 공유하면서 강인한 희망을 꽃피울 수 있었던 생명의 토지이기도 했다.

국경을 넘고 희망의 씨를 옮겨 심은 곳이고 빼앗긴 조국을 향해 다시 굴하지 않는 저항의 씨를 심었던 곳이다.

연해주! 이 땅에서 고려인은 고난과 절망을 겪으면서 각지에서 새로운 씨를 뿌린 것이다.

3. 강인한 힘으로 일어선 생존력

방폐된 고려 사람들의 생활은 비참했다. 거주 이전의 자유는 없고 배움의 길도 닫혀 있었다. 국가기관에의 취업 등 사회 진출에의 기회도 주어지지 않았다. 거주 환경은 집단 수용소나 다름이 없었다.

이주 다음해(1938년)에는 7,000여 명이 사망했다. 그 또 다음해(1939년)에는 4,800여 명이 사망.

그러나 이주 초년에 어려운 학대와 고생을 이겨내면서 농토를 개간하여 벼농사의 씨를 심고 대풍작을 이루어냈다. 강인한 생명력에 의해서 3년 후에 자립 기반을 달성할 수 있었다.

4. 일제의 시베리아 침공

1918년 일제는 시베리아 침공을 강행했다. 연해주의 고려인들은 일본의 침략에 대항하여 1919년 2월 대한 국민의회를 수립하기에 이른다. 이는 국내외를 통하여 최초의 임시정부였다.

대한 국민의회는 3·1운동을 계기로 일제와 혈전을 맹세하면서 의원 모금이나 군사 훈련소 설치 등을 주도해 왔다. 문창범, 이동휘, 최재형, 김철훈 등이 중심인물이었다. 1919년 8월에 발전적으로 해체하여 상해임시정부와 합병한다.

5. 연해주의 또 다른 고려 혁명의용군

연해주의 고려인 독립군은 볼세비키군과 연합했다. 제정 러시아군(백군)과 일본 연합군과 대항하여 격전이 버려졌다. 볼세비키 혁명을 통해 조국 독립이 성취된다고 믿고 있었다.

고려혁명군의 대표적인 활약은 다음과 같다.

1) 우르가 전투(1921년 10월 15일, 고려군 전사자 22명)

고려 혁명의용군과 러시아 혁명군 35명이 러시아 백군 800명과 전개한 전투.

2) 이만 전투(1921년 12월 초, 고려군 전사자 52명)

우스리 철교 이남에서 공격해 오는 백군에 대항하여 러시아 혁명군과 고려 혁명의용군이 연합하여 전개한 전투.

3) 인 전투(1921년 12월 25일부터 3, 4일간, 고려군 전사자 75명)

고려·러시아의 유격대 연합군이 인 정차역을 포위하고 백군과 전개한 전투. 백군 측의 500여 명이 전사.

4) 보로치야에프스카 전투(1922년 2월, 고려군 전사자 118명)

러시아 혁명군이 하바롭스크 해방에 기여한 전투. 백군과 일본군연합 부대를 격퇴하여 하바롭스크에 입성했다.

6. 혁명 후의 고려인 무장 전투

1917년 러시아 사회주의 혁명이 일어난 후 고려인들은 각종 단체를 결성하여 그 조직화를 모색했다. 특히 볼세비키에 가담한 고려인들은 유격대 부대를 조직하고 일본군과 대항해 싸웠다. 이 부대의 위용은 일본군을 공포에 떨게 했다.

1922년 10월, 일본군이 모두 철수한 후 볼세비키(Bolsheviki)와 연합하고 고려인

자치권을 획득하기 위해 노력했다. 그러나 볼셰비키 극동 정부가 소비에트 사회주의 연방공화국에 흡수되었기 때문에 고려인 당원이 분산하는 등 그들의 노력은 성사 물거품이 되었다.

7. 레닌과 연합한 고려인 사회당

러시아혁명 이후, 고려인 사회주의 혁명 정당이 설립된다. 핵심 인물은 김 알렉산드리아이며 그녀는 고려인 최초의 볼셰비키(Bolsheviki) 당원이었다.

고려인 사회당은 장교 양성을 위해 군사 학교를 설립하는 한편 '반제 반전'의 선전으로 주력을 집중시켰다. 1919년 3·1 운동이 일어나자마자 독립을 선언하고 레닌과 제휴하여 코민테른에 가입하고 독립운동의 자금을 받거나 했다.

상하이로 옮긴 고려인 사회당은 민족주의 진영 일부와 규합했다. 1921년 1월, 고려 공산당으로 개명하여 활동을 재개하게 된다.

8. 스탈린 독재의 희생자, 고려인과 소수민족

1937년, 중일전쟁이 발발한다. 그리고 8월 25일, 중국과 소련은 불가침조약을 체결한다. 이 날 고려인 강제 이주에 관한 결의문도 채택되었다. 일본과 내통할 가능성이 있다고 한 것이 그 이유였다.

1차 강제 이주는 결의문 채택과 함께 시작되어 9월 21일까지 2차 이주는 9월 24일부터 10월 25일까지 진행되었다.

스탈린과 에죠후 내무성 및 운수성의 공동 작전이었으나 스탈린의 특명을 받은 르시코후가 강제 이주의 총지휘를 담당했다.

9. 소비에트 최고의 모범 집단농장

고려인의 집념에 의해 중앙아시아에의 고려인농장은 크게 발전했다.

우즈베키스탄의 김병화의 집단농장과 카자흐스탄의 아반카르트, 소포호즈 등 소련 전역에서 가장 모범적인 집단농장을 시작했다.

척박한 황무지를 옥토로 개량한 고려 사람들은 소비에이트 농업 생산의 주축을 이루었다.

아반카르트, 소포호즈

카자흐스탄의 강제 이주 고려인들이 시작한 이 농지는 쌀의 생산량을 확대한 노동 영웅 김만삼의 힘으로 더욱 유명하게 되었다.

농장 내에는 김만삼의 회관 및 김만삼거리가 조성되고 있어 그 외에 18명의 고려인들에게 노동 영웅 칭호가 수여되고 있다.

프리트젤 소련의 집단농장과 '푸른 제19 학교'

프리트젤은 농장장 황만금의 노력의 힘을 받고 발전한 장소이다. 3만여 개소의 소비에이트 농장 안에서 유일 관광 공사에 등록되는 만큼이었다. 농장내의 '푸른 제19 학교' 및 이동휘 유아단 등 교육 시설도 유명하다. 유아단은 1981년 소련 정부의 지시에 따라 이동휘를 기념하여 창립되었으나 1991년에 해체되었다.

김병화의 집단농장

김병화는 탁월한 리더십으로 북극성 농장을 경영했다. 고려인은 물론 현지 사람들에게도 존경받고 있었다. 1940년 농장장으로 취임한 후 쌀과 면화의 생산을 높여 레닌 훈장을 두 번이나 수여받았다. 그가 죽은 후 소련 정부는 북극성 집단농장을 김병화 집단농장으로 명칭을 변경하고 타슈켄트에 김병화거리를 신설했다. 필자도 우즈베키스탄에 갔을 때 김병화 기념박물관에 들러 안내원 장 에밀리아 여사로부터 상세한 설명을 들을 수 있었다.

10. 재이주, 희망을 추구해온 고려인들

중앙아시아의 고려인들의 역사적 재이주는 1937년 이후 단절하고 있었던 연해주 고려인 역사를 새롭게 써 바꾸는 힘이 되었다.

특히 1990년대에 들어오면서 재이주가 현저하게 증가했다. 상반기에는 중앙아시아 민족의 갈등에 의한 위기감에서 또한 후반기에는 경제적 생활고에 떨어져 들어간 고려인들은 새로운 기회를 모색하려고 연해주에 돌아왔던 것이다.

재이주한 고려인과 그 지역사회는 이 땅에 희망의 디딤돌을 쌓아 올렸다.

11. 평화와 공존의 땅 연해주

소련이 해체된 뒤, 1993년 4월 1일, 러시아의회는 결국 과거의 과오를 시인하여 고려인의 명예 회복 의안을 채택했다. 물론 실질적으로 지원이 되는 조치는 취해지지 않았으나 새롭게 거주전의 자유를 획득하여 고려인에게 희망의 땅인 연해주에 가는 길이 열렸다.

그 사이에 흘린 눈물은 세월의 격변에 씻겨 흘러갔으나 지금은 신시대의 새로운 주역으로서 다른 역사를 쌓아 올려 갈 때가 되었다.

동북아시아의 공존과 번영이라고 하는 시대의 목표 과제 앞에 고려인의 생명력은 반드시 '평화'를 꽃피게 할 것이다.

(2013.8.16.)

37. 안중근의 기념비와 후세평가

　2012년 3월 초순, 필자는 처음으로 중국의 대련, 여순, 단동, 심양을 탐방하는 여행에 참가했다.

　이번의 중국(구만주) 여행의 주목적은 여순 감옥의 안중근 의사의 유적을 더듬어 보고, 단동에서 압록강다리 저편에 있는 북조선의 신의주를 멀리에서 바라보는 것이었다. 운이 좋게도 기대 이상의 큰 물줄기와 근현대사를 확인할 수 있었던 나에게는 매우 가치 있는 여행이었다. 또, 안중근을 도우려고 한 일본인이 있었던 것, 그리고 나치스 독일에 쫓긴 유태인을 구해준 온건하고 열정적인 일본인이 있었다는 사실도 잊지 말아야 할 것이라고 생각된다.

1. 안중근(安重根)에 대하여

　안중근(1879.9.2~1910.3.26)은 조선의 독립운동가로 초대 조선 통감을 겸임하고, 일본의 초대 내각총리대신이었던 이토 히로부미를 구만주 하얼빈역에서 암살한 것으로 알려져 있다. 현재는 한국의 국민적 영웅이며, 중국에서도 최근에 들어, 안중근 의사에 대한 연구가 진행되어, 그를 높게 평가하게 되었다.

1) 자라난 내력

　안중근은 1879년 9월 2일, 황해도 해주의 양반 가문에서 태어났다.

　안중근의 가문은 오대(五代) 전부터 조선 왕조를 섬기는 무관 집안이었으며, 어릴 때로부터 안도 무예를 닦아, 수렵의 솜씨를 발휘하였다. 아버지 안태훈은 무관이면서 문재에도 뛰어난 풍류인으로, 서양 문명을 도입하여 자주 발전을 목표로 한 '개화파'의 한 명이었다. 그러나 그가 지지했던 김옥균(金玉均)의 '갑신정변(甲申政変)'이 실패로 끝나자마자, 중앙으로부터 소외당하고 일족은 정든 고향을 떠나 청경동으로 옮겨 가, 호족이 된다. 가톨릭에 귀의한 아버지는 일족에게도 천주교 입신을 강요했다. 동학당에 반대하고 있던 안중근은 쫓겨 파리 외국선교회의 사제로부터 세례를 받고 가톨릭교로 개종했다. 세례명은 '토마스'. 교육 관계의 일을 거친 후, 일본에 의한 1907년의 고종의 강제 퇴위와 군대 해산, 이어 벌어진 의병 투쟁의 열기가 높아짐에 따라 위기감이 심해지면서 상하이, 간도를 전전하면서 러시아 연해주의 블라디보스토크로 망명했다. 거기서 무장 조직에 참가, '대한 의군'을 조직 하여 항일 투쟁 활동에 몸을 던졌다.

1910년 3월 26일(만 30세) 이토 히로부미의 암살에 대해 사형이 선고되어 일본의 조차지 여순(旅順)에서 사망했다.

안 의사는 죽을 때까지 가톨릭 신앙을 계속 가져 아내에게의 마지막 편지에는, 자신의 아들(안준생)이 성직자가 되도록 요청하기도 했다.

2) 이토 히로부미(伊藤博文) 암살

1909년 10월 26일, 이토 히로부미는 만주 · 조선 문제에 관하여 러시아 재정부 장관 코코트에후와 회담하기 위해 여순의 이백삼고지(二０三高地)를 시찰하고, 러시아가 제공한 특별 전용열차를 타고 무순탄광, 심양, 창춘을 거친 후, 하얼빈으로 향했다. 오전 9시, 하얼빈역에 도착해, 차내에서 코코트에후의 인사를 받은 후, 역 플랫폼에서 러시아군대의 열병을 받고 있었다. 이때 이토에게 군중을 가장하여 가까이 다가간 안중근이 발사한 총탄 3발이 명중, 이토는 30분 후에 사망했다. 저격 후, 안중근은 러시아어로 '코레야 우라!'(한국 만세!)라고 크게 외쳤다고 한다.

안중근은 그 자리에서 러시아 관헌에 체포되어 2일간 구류된 후, 일본의 사법당국에 인도되었다. 구치 중에 이토의 사망 사실을 확인하고는 안중근은 암살 성공을 신께 감사하고 십자가를 그리며 "나는 감히 중대한 죄를 범하기로 했습니다. 나는 내 자신의 인생을 우리 조국에 바쳤습니다. 이것은 고상한 애국자로서의 행동입니다"라고 말하였다고 한다.

항일 투쟁에 임한 그의 결의를 나타내는 에피소드로서 동지와 함께 약지손가락을 잘라, 그 피로 국기에 대한 독립의 문자를 써서 물들인 '단지동맹(斷指同盟)'의 일화(逸話)가 전해지고 있다.

3) 암살의 동기

안중근은 이토 히로부미 암살 동기에 대해 일본의 검찰관 미조부치 타카오(溝渕孝雄)에게 질문을 받았을 때, 15개의 이유를 들었다. 그중 주된 항목은 다음과 같다.

① 이토 지휘하에 조선 왕비가 살해당했다. ② 이토는 억지로 대한제국 황제의 폐위를 도모했다. ③ 조선의 학교에 이용하는 양호한 교과서를 이토의 지시하에 소각했다. ④ 조선 인민에게 신문의 구독을 금지시켰다. ⑤ 이토는 동양의 평화를 교란했다. 러일전쟁 당시, 동양 평화 유지라고 말하면서, 대한제국 황제를 폐위시키고, 당초의 선언과는 반대의 결과를 보기에 이르렀다. ⑥ 조선인들이 분개하고 있음에도 불구하고, 일본 천황과 그 외 세계 각국에 대하여, 한국은 무사하다고 말하며 속였다. 그 밖에 9항목이 있다.

4) 투옥과 최후

1910년 2월 14일, 안중근은 여순의 관동 도독부 지방법원에서 사형 판결을 받았다. 재판을 관장한 판사는 사형 집행까지 적어도 판결 후 2, 3개월 유예가 주어진다고 하였지만, 일본 중앙정부는 사건의 중대성을 고려해 사형의 조속한 집행을 명했다. 안은 상소를 제기해 담당 검찰관인 미조후치에게 자신의 수필『동양평화론』을 마무리하기 위한 시간을 얻고자 하였고, 사형 때에 목에 두를 흰 비단 의상을 한 벌 주도록 요구하였다. 결과적으로 그는 144일간의 옥중 생활을 거쳐『동양평화론』을 집필하고, 동양평화를 위해서 여순 감옥에서 순국했다.

5) 옥중에서 일본인과의 관계

투옥된 안중근의 감시를 맡은 일본인 간수 미야기현 출신인 지바 도히치(千葉十七)는 당초에는 이토를 암살한 안을 미워하고 있었다. 그런데 이야기를 거듭하며 지바는 안의 사상에 공감을 하게 되었다. 안은 처형 직전, 지바를 향해 "이전에 당신으로부터 부탁받은 일필을 썼습니다"라고 알리고 "국가위한헌신 군인본분(爲国献身軍人本分)"이라고 쓰고 서명하여 약손가락을 절단한 왼손의 묵형을 각인했다. 그리고 그는 "동양에 평화가 돌아와 한일의 우호가 소생했을 때, 다시 태어나 또 만나고 싶습니다"라고 말했다고 한다. 지바는 귀국한 후에도 평생 안중근의 공양을 빠뜨리지 않았다고 한다.

6) 지바 도히치와 안중근 현창비

조선 총독부에서의 근무를 끝내고 고향인 미야기현 쿠리하라군에 돌아간 지바는 불단에 안중근의 영정과 고인의 필적을 올려 은밀하게 공양(供養)하면서, 동양 평화의 실현을 계속해서 빌었다. 1934년에 죽은 후에도 그 유지는 미망인과 딸 미우라 쿠니코(三浦くに子)에게 계승되었다. 그리고 1979년, 안중근 의사 탄생 180년에 즈음해, 은밀하게 지켜진 고인의 필적이 한국에 반환되어 현재 서울의 안중근 의사 기념관에 국보로서 보관되고 있다.

미미즈카(耳塚)의 법요(法要)를 끝낸 한일 불교 복지협회의 카키누마(柿沼) 회장은 한국의 식자로부터 안중근에 대한 뜨거운 경애의 생각을 듣고, 지바 도히치 연고의 대림사(미야기현 와카야기쵸)를 소개했다. 대림사(大林寺)에는 지바 도히치 부부의 무덤이 있어 1981년 고인의 필적의 반환을 기념하여 안중근과 지바 도히치의 우정을 칭하는 현창비가 건립되었다.

필자도 1995년 11월 초순, 대림사를 방문하여 사이토 주지에게 절의 아름다운 경내를 안내 받고, 방에서 함께 역사를 공유하는 이야기로 꽃을 피웠다. 주지 사이토 야스히코(斉藤泰彦) 씨는 원래 신문기자이며, 2년 전『우리 마음의 안중근』(오월서방(五月書房))을 집필 출판하였다. 고인의 필적을 본국에 반환하는 데에도 사이토 주지의 유족 측에 대한 설득이 큰 기여를 한 것이었다. 또 주지가 중심이 되어 1년 수개월에 걸친 힘든 모금 운동 끝에 1981년 3월 21일(안 의사의 기일)에 기념비 낙경 법요를 볼 수 있었다. 지바 도히치는 하사 받은 고인의 필적을 가보로서 평생 동안 소중히 보관하였고, 대림사에 있는 지바가의 넓지도 않은 묘지 내에 안중근의 필적비를 만들게 하였다. 지바는 처형에 손을 빌려 주었다고 하는 속죄감 및 회한(悔恨)에 시달리면서 1934년, 51세에 그 생애를 마감하였다.

1981년, 처음으로 안중근과 지바 도히치의 한일 합동 법요가 거행되었다. 카키누마 회장도 이 취지에 찬동 해 법요의 실현과 성공에 노력을 다하였다. 안중근의 조카로 전 독립기념관장인 안춘생 씨, 손자인 황은주 씨, 전 민단 본부 단장 한명주 씨 등이 법요에 참여했다.

7) 형무소장 쿠리하라 사다기치(栗原貞吉)

안중근 의사에게 감명을 받은 당시의 여순 감옥의 형무 소장인 쿠리하라 사다기치도 안의 소원을 들어주어 담배 등을 차입하고 법원장이나 재판장에게 요청하여, 조명 탄원을 하는 등 편의를 도모해주었다. 처형되기 전날, 안 의사로부터 고국의 예복인 백견의 한복을 수의로 하고 싶다고 하는 부탁을 받고서는 부인에게 부탁해 밤새 재봉해 넣었다고 한다. 그리고 안 의사를 구할 수 없었던 자신의 역부족과 공무원의 한계를 통감한 쿠리하라는, 그 뒤로 일을 그만두고 고향의 히로시마에 돌아가 다시 공무원의 세계에 관련되는 일 없이 1941년에 생을 마감하였다. 쿠리하라의 손자는 현재 도쿄도내에 거주하고 있다.

8) 유태인을 구한 일본인

나치스에 쫓긴 유태인 난민에게 '생명의 비자'를 발급한 스기하라 지우네(杉原千畝)의 공적은 잘 알려져 있다. 스기하라는 제2차 세계대전 중, 리투아니아의 카우나스 영사관에 부임하여, 나치스 독일의 박해를 피해 폴란드 등 유럽 각지로부터 피난온 난민들의 힘든 생활을 불쌍히 여겨 외무성으로부터의 훈령을 어기고 비자를 발급, 대략 6,000명에 달하는 피난민을 구했다.

한편, 시베리아 철도를 통해 나치스로부터 도망친 난민들은 나치스 독일에 호의적이었던 일본의 외무성과 만주국에 의해 만주 입국이 거부되어 극한의 땅에서 꼼짝 못하는 신세가 되기도 하였다.

스기하라에 의한 난민 구출이 있기 2년 전, 1938년에 소련과 만주국 경계에 있는 오토 폴로에서 많은 유태 난민을 구한 히구치 키이치로우(樋口李一郎)에 대해서는 별로 알려지지 않았었다. 히구치는 군인으로 하얼빈 특무 기관장으로서 나치스에 쫓긴 유태 난민에게 비자의 발급이나 식료 원조를 곧바로 실시하여, 일설에는 2만명에 달하는 유태인을 구하였다고 한다. 우리가 잊어버리고 있었던 '온건한 열혈한(穏健な熱血漢)' 히구치가 다시 세상의 빛을 쬐려 하고 있다.

2. 안중근에 대한 후세 평가

2012년 3월 10일, 필자는 여순 형무소를 방문하여 안중근 의사가 수감되고 있었던 감옥의 방과 여순 박물관 등을 견학하여 돌아다니며 많은 귀중한 역사상의 지식을 얻을 수 있었다. 여기에서는 동아시아(중국, 한국, 북한, 일본)에서의 안중근 의사에 대한 평가를 논하기로 한다.

1) 중화 인민 공화국

중국에서는 안중근이 '일본의 전직 수상을 암살한 인물'로서 높은 인지도를 갖고 있다. 지금까지의 중국정부는, 안중근에 대한 평가는 반일세력을 자극하고 국내의 사회불안을 증대시킨다고 하여 적극적인 평가를 하지 않았다.

2006년에는 한국인에 의해 하얼빈 시에 4.5m의 동상이 건립되었으나 "외국인의 동상 건립은 인정하지 않는다"고 하여 당국으로부터 철거되었다. 그 동상은 현재 한국 경기도 부천시에 있는 공원에 놓여져 있다.

이토 암살로부터 150년이 지난 2009년 10월 26일, 하얼빈 시에서 기념식이 열리기로 되어 있었으나, 하얼빈역 가까이의 중앙 오마치 공원 광장에서의 개최는 허가되지 않고, 조선족 민예박물관에서 개최되었다. 또 여순시의 전쟁진열박물관에서 안중근의 특별전이 열렸으나 국제 항일열사 전시관으로 하여 안중근이라는 이름은 따로 내세우지 않고 위령식이나 기념식은 인정하지 않았다.

그러나 필자가 금년 3월 초순에 방문한 여순형무소(중국어: 일아감옥 고적박물관)의 입구 간판에는 안중근을 비롯하여 중국인, 조선인 등 5명의 순국자의 사진이 걸려 있었다. 또한 안중근이 수감되어 있던 방의 창가에도 안중근 초상화의 동판이 있어 중국어, 영어, 한글로 그 훌륭한 순국력이 쓰여져 있었다.

여순형무소는 1902년 제정 러시아가 이 땅에 85실의 감옥을 지었으나, 러일전쟁 후인 1907년, 일본이 253실까지 확장했다고 한다. 많을 때에는 2,000명이 수감되어 있었다. 죄수 중에는 반일 활동가나 무정부주의자와 관련된 중국인, 조선인, 일본인도 있었다. 1945년, 감옥은 폐지되었고 1971년 이후에는 러일감옥박물관으로 개방되고 있다.

○ 중국인이 쓴 『안중근 연구』(한글판)

2009년 9월에 발간된 본서는 대련시 근대사 연구소 및 여순 러일감옥박물관의 일부 동지들이 장기간 안중근에 대한 연구를 실시하여, 이 세상에 잘 알려져 있는 안중근에 관한 자료를 많이 수집하여 제작한 것이다.

대련 문화국장 왕성항은 서문에서 다음과 같이 쓰고 있다. "본서의 편자들은 역사학자로서 사실을 구사하는 정신에 입각하여, 상술된 사료에 대한 과학적인 논증을 진행시키는 동시에 안중근이 이토 히로부미를 암살한 거사를 근대 중·조 양국의 반침략 투쟁을 역사적 배경에서 정확하게 분석하고자 하였다", "안중근의 조선 민족의 독립과 아시아 평화를 달성시키기 위한 강렬한 애국정신은 영원히 빛날 것이다. 안중근은 강한 기백과 산하로 가득 차 흘러넘치고 우주를 삼킬 것 같은 풍토와 기개, 호탕, 의젓한 기세가 있는 강렬한 애국주의의 정신을 후대에 물려주었다."

『안중근 연구』의 저자는 중국인 화문귀이며, 주필·집필은 왕진인, 유상붕이다. 한글판은 류병호 외 학생들이 번역을 완성시켰다.

화문귀는 여순 감옥박물관 관장이며 대련시 근대사연구소 소장이다. 류병호는 대련대학 한국연구원 교수이다.

화문귀는 저서 속에서 안중근이 순국 5분 전에 쓴 「위국헌신 군인본분(為国献身軍人本分)」의 고인의 필적에 대하여 "세상 사람이 감탄하여 귀신마저도 올려보는 작품이다", "그는 144일간의 옥중 생활 기간 중 심사숙고를 거쳐 동양평화론을 집필했다. 또 동양평화를 위하여 여순감옥에서 순국했다"라고 높게 평가하고 있다.

"지금까지는 대부분이 조선족 학자에 의해서 연구되어 간행되어 온 『안중근 연구서』가 한족 학자에 의해 연구되어 발간되었다는 특징과 안 의사가 수감되어 순국한 여순 러일 감옥고적박물관에서 편찬되었다는 의미가 사람들의 주목을 받고 있다"라고 류병호는 번역 후기에서 말하고 있다.

주은래 총리는 안중근의 거사를 "모든 항일운동의 출발점이 된 역사적 사건이다"라고 평가하고 경의를 나타냈다고 한다. 또 주은래가 학생이었던 무렵, "중국 인민의 일본 제국주의 침략에 대한 투쟁은 20세기 초, 안중근이 하얼빈에서 이토 히로부미를 암살한 것부터 시작되었다"라고 평가하였다고 한다.

본서에 수록되고 있는 안중근 고인의 필적 작품은 48점에 이른다. 이 중 한국에

21점, 중국 1점, 일본에 25점이 보관되어 한국은 공적인 문화회관들이 많고, 일본
은 모두 개인 소장으로 되어 있다.

2) 한국

대한민국에서는 안중근은 항일투쟁의 영웅으로 평가되어 '의사'라 칭해지는 국민
적인 영웅이다. 서울특별시 중심부의 남산공원 산 중턱에 '안중근 의사 기념관'이
1970년에 건설되었다.

이토 히로부미 암살로부터 150년에 해당하는 2009년 10월 26일에는 하얼빈시에서
안중근 기념식이 개최되었다. 또 그가 주창한『동양평화론』이나 교육 계몽 활동 등
그의 사상을 증명하는 움직임도 활발하게 되어 있어 한국에서는 안중근을 그린 소
설이나 무대가 화제를 모으고 있다.

3) 북한

북한에서도 안중근의 '거사'는 높게 평가되고 있다고 한다. 이데올로기에 관계없
이, 북쪽에서도 남쪽에서 영웅으로 여겨지는 인물은 근대사에서는 몇 사람 없다. 김
일성 주석의 '세기와 함께'에서는 김일성 주석이 5세 무렵, 조부가 언제나 안중근의
이야기를 하면서, 너도 자라면 안중근과 같은 영웅이 되라 했다고 기록되어 있다.
그러나 북쪽에서는 안중근의 구국의 의지는 인정하나, 그 수단으로서의 '암살'은 평
가하지 않는다. 교과서에서는 김일성 주석의 반면교사와 같이 다루어지고 있다. 그
것은 안중근이 양반이라고 하는 점이 이 사회에서 규탄되어야 할 인간(bourgeois)이
라고 여겨지고 있기 때문이다.

4) 일본

안중근은 일본의 '유신의 원훈'을 살해한 암살자이지만, 그 암살에 의미를 부여할

수 있는가에 대해서는 여러 가지 평가가 존재한다. 테러리스트설이나 의사설이 있어 안중근 의사에 관해서는 고등학생 시절에 일본사를 열심히 배운 사람이 아니면 모르는 것이 보통이라고 한다.

5) 안중근의 유골

"나의 유골은 하얼빈 공원에 묻어 국권이 회복하면 고향에 묻어 주었으면 한다"라고 안중근은 유언을 남겼다고 한다. 하얼빈 공원은 조린공원으로 이름이 바뀌고, 지금도 시민의 휴식 장소가 되고 있다. 그러나 여순감옥에서 교수형에 처해진 안중근의 유골은 발견되지 않았다. 처형 당일, 유해를 인수하고 싶다고 신청한 안중근의 두 남동생들에게 인도되지 못하고 감옥 뒷산에 묻혔다고 전해진다.

한국정부는 중국정부에 대하여 안중근의 유골을 돌려주면 좋겠다고 요청하였으나 유골의 확인 자체가 어렵고, 거기에 더해 돌려준다고 해도 "안중근이 북쪽 출신이니 한국에 유골을 돌려주게 되면 북쪽에서 문제를 삼을 것이다"라는 의견도 있다. 100년이 지난 지금도 안중근 의사가 돌아가야 할 장소는 아직 정해지지 않았다.

문헌〉

1) 안중근(Wikipedia, Yahoo).
2) 안중근 의사와 지바도히치(千葉十七) 부부의 일한 합동 법요: 일반 재단법인 일한 불교 복지회. Yahoo 검색.
3) 강건영, 「역사를 걷는다, 서울 & 미야기현-안중근」, 『멀구슬나무』, 야마다편집사무소, 1997.
4) 「기적의 장군 하구치 키이치로우(樋口季一郎)」, 『역사 가도(歷史街道)』, PHP연구소, 2012.4.
5) 화문귀 저, 류병호 역, 『안중근 연구』(한글역), 양녕민족출판사, 2009.
6) 토다 이쿠코, 『중국 조선족을 사는 구만주의 기억』, 이와나미서점, 2011.
7) 정은숙, 『중국 동북부의 '쇼와'를 걷는다』, 동양경제신보사.

(2012.4.6.)

38. 노신(魯迅)에 대하여
- 센다이(仙台)의 기념비와 문예작품 -

2011년 10월, 나는 처음으로 중국의 상하이를 방문했다. 노신공원과 기념관을 견학하며 노신(노신, Lu Xun)의 발자취를 찾아가는 것이 목적이었다. 또 상하이에서 가까운 소조우, 무샥, 주가각을 여행하며 배를 타고 유람도 했다. 2011년은 노신 탄생 130주년에 즈음한다.

노신은 나의 도호쿠대학(東北大学)의 선배이기도 해서, 학생시절부터 그를 흠모하여 센다이(仙台)에 세워진 '노신의 비'의 앞에 서서, 존경의 뜻을 표하곤 했다. 노신은 현재 중국의 덩샤오핑(鄧小平), 저우언라이(周恩来), 손문(孫文) 등과 함께 존경 받는 중국인 중 한 사람이다. 노신은 중국의 위대한 문학자일 뿐만 아니라 위대한 사상가, 혁명가였다고 말해진다.

1. '노신의 동상비'

2003년 3월, 필자가 삼림의 도시, 센다이를 방문했을 때, 센다이성 산마루에 중국의 문호 노신의 동상비가 있었다. 근처에는 두 그루의 기념 식수와 기념비도 있었다.

이 새로운 '노신의 동상'은 최근, 그의 고향 중국 쇼코시(紹興市)로부터 기증된 것이다.

비문: 이 동상은, 중국의 문호 노신이 태어난 쇼코시 인민 정부로부터 탄생 120년을 기념하여

기증되었다. 동상의 제작에 임하여, 쇼코 시민이나 실업유한공사의 협력이 있었다. 노신의 공적을 찬양하는 것과 동시에, 두 도시의 우호를 증진시켰다. 2001년 11월 22일.

동상으로 보는 노신의 표정은 중국을 대표하는 문호에 어울리는 청상하고 지적인 모습이었다. 부근에는 1998년 11월 29일, 쉬광핑(許光平) 여사와 함께 센다이를 방문한 중국의 장쩌민(강택민) 주석 부부의 기념식수와 기념비가 있었다. 수목은 홍매화이다. 주변에 센다이박물관이 있어 한적하고 경치가 아름다운 장소였다.

새로운 노신의 동상은 중국에서 기증된 것이지만, 이전 '노신의 비'는 센다이의 유지에 의해서 세워졌다. 건설 경위는 아래와 같다.

2. '노신의 비'

'노신의 비' 건설 경위는, 안과의사이며 오랫동안 공민관장을 역임하신 한자와 쇼우지로(半沢正二郎) 씨가, 기념비 건설 위원회의 실질적인 책임자가 되면서 이루어졌다. 우선, 도호쿠대학 명예교수 쿠마가이 다이 선생님을 위원장으로 하여 도호쿠대학 각 학부의 예지가 결집되어 사상이나 당파를 넘어 사람들의 순수한 마음이 큰 기둥이 되었다. 이 비에는 비명을 휘호 한 궈모뤄(郭沫若)의 서명 이외에는 일절 개인명을 새기지 않았다. 유지의 요청에 응한 많은 분별 있는 센다이시민이나 단체의 기부금에 의해 건설되어 기념비는 1960년 가을에 완성을 보았다. 다음 해 4월에는, 노신의 미망인 쉬광핑(許光平) 여사의 방문을 기회로 제막식이 거행되었다. 현재는 중일 우호의 상징이 되어 있다.

3. 노신(1881~1936)의 경력

노신은 1881년 절강성(浙江省) 쇼고(紹興)에서 태어났다. 본명은 저우수련(周樹人)이고 노신은 필명이다. 당시 중국은 제국주의 국가들의 침략과 청조의 매국 행위에 의해, 반식민지, 반봉건사회라는 비참한 상황에 놓여 있었다. 서구 열강들의 침략과 청조 정부의 부패와 무능 때문에 나라를 잃고, 주권이 손상된 사건이 계속 일어나, 중국 국민은 도탄의 괴로움에 허덕이고 있었다.

이러한 사태는 노신의 진리 탐구의 의지를 일으켰다. 노신은 소관리나 상인이 되는 것을 싫어하여, 1898년 뜻을 품고, 결연히 고향을 떠나 난징(南京)으로 갔다. 그는 난징을 시작으로 도쿄, 센다이, 베이징, 아모이, 광저우, 홍콩을 다니다 1930년에 56세의 나이로 병사했다. 가족으로는 강요당한 결혼으로 아내 주안(朱安)을 북경의 어머니의 밑에 두고, 17세 연하의 애제자인 쉬광핑(許広平)과 자유 결혼하여, 아들 저우하이밍(周海嬰)을 낳았다.

노신은 중류에서 조락한 주가의 장남으로 자란다. 4살 아래인 남동생 주작인(周作人)이 있었다.

노신의 약력

1881.9.26	절강성 쇼코부 성내에서 태어난다.
1902.3(22세)	파견되어 일본에 유학. 도쿄의 홍문학원 속성과에 입학.
1904.4(24세)	홍문학원 졸업. 9월, 도쿄를 떠나 센다이 의학 전문학교에 입학. 후지노(藤野) 선생을 만남. 러일전쟁이 일어나, 다음 해 강화, 환등 사건으로 의사의 길을 포기. 1906.3(26세) 센다이 의전을 중도 퇴학하고 도쿄로 돌아온다. 도쿄에서 문학 연구에 종사한다.
1909.8(29세)	귀국하여, 절강 양급 사범 학당의 교원이 된다.
1918(38세)	소설 『광인 일기(狂人日記)』를 써서, 『신청년』에 발표. 이후 문학 생활에 들어간다.
1920(39세)	베이징 대학의 강사가 된다.
1921(41세)	「아Q정전」을 신문의 부록판에 연재한다.

1936(56세)	역사 소설 『고사 신편집』 출판. 그해 3월, 지병인 결핵성 늑막염으로 천식이 악화되어 그해 10월 19일 영면한다.

4. 의학의 길을 포기하고 문학의 길로

노신은 1902년, 청나라의 유학생으로 일본에 간다. 그는 원래 의학을 공부하여 중국을 구하려는 생각으로 일본의 센다이 의학전문학교에 진학한다. 그곳에서 해부학 교수 후지노(藤野) 선생을 만났으나 당시 열강 앞에 위기에 직면하고 있는 고국을 근심, 민족의 영혼을 구하는 것이 급무라고 생각하여 의사의 길을 포기하고 문학자로서의 길을 걷는다. 중국의 여러 도시를 다니다 정착한 상하이에서 56세의 생애를 마감했다.

러일전쟁 발발 후, 제국주의는 중국의 분할에 박차를 가하고 있었다. 어느 날, 대학의 교실에서 노신은 영화를 보고 있었다.

세균학 강의는 환등슬라이드를 사용했는데, 시간이 남을 때에는 풍경이나 시사에 관한 것도 보여주었다. 마침 러일전쟁 시기였기 때문에 시사에 관한 것이 많았는데 때로는 그와 같은 영화 속에서 오랫동안 만나지 못했던 동포들과 만나게 되었다. 러시아를 위해 스파이 노릇을 했다는 이유로 일본군에 체포되어 참수당하는 동포와 그것을 에워싸고 구경하는 많은 동포들이었다. 모두 당당한 체격을 가지고 있었지만 무덤덤한 얼굴로 구경만 하고 있었다. 그때 그는 "대체로 무지한 국민은 체격이 아무리 훌륭하고 건장해도 바보 같은 구경꾼밖에 되지 않는다"고 생각했다. "우선 가장 필요한 것은 그들의 정신을 변화시키는 것이며 그렇게 하는데 에는 문예가 가장 적당한 수단이라고 판단했기 때문에 의학교를 그만두고 도쿄로 돌아갔다"고 한다.

5년 동안 도쿄에 거주 하면서, 혼고(本鄕)에 있는 나쓰메 소세키의 예전 집에 살

노신과 후지노 선생(도호쿠대학)

며, 칸다(神田) 일대에서 생활했다. 스루가타이(駿河台) 아래의 산세이도(三省堂) 근처에서 야스쿠니(靖国) 동네를 따라 헌책방을 찾아다니고 있던 젊은 날의 노신의 모습이 눈에 아른거린다. 남동생 저우쭤런(周作人, 1885~1967)은 "형은 일본 전통옷에 게다를 신은 차림새로 칸다의 헌책방을 들여다보면서 걷는 것을 좋아했다"라고 회상하고 있다. 동생 저우쭤런(周作人)도 일본에서 유학을 했다.

중국의 여러 도시를 편력한 후, 마지막에 정착한 곳이 상하이였다.

노신이 남긴 문학 작품은 오늘에 이르기까지 중국뿐만이 아니라 넓게 아시아 여러 국가(한국, 홍콩, 대만, 싱가포르, 말레이시아) 등에서 애독되고 있다. 일본에서는 중학생용의 모든 국어 교과서에 그 작품이 수록되어 있고, 노신을 연구하는 일본의 문학자나 평론가도 많다. 언론인 미야케 세쓰레이, 중국 문학자 아오키 마사루,

시인 겸 소설가 사토 하루오, 통신사의 광동 특파원인 야마구치 마사요시(「아Q정전」
을 일역), 마스다 와타루, 다케우치 요시미 등을 들 수 있다.

　　노신문학의 최초의 한국어 번역은, 1927년 8월의 『광인일기』(유수인 역)이다. 장
문의 「노신방문기」를 중국 망명중의 신언순이 1934년에, 그리고 「노신추도문」을 이
육사가 조선일보(1938.10.)에 발표했다. 노신의 영향을 받은 작품으로는 재일동포
작가에 의한 단편 「Q백작」 김사량과 「만덕 유령기담」 김석범이 있다. 1980년대에
는, 마루야마 노보루 『노신』이나 다케우치 요시미 역 『노신전집』 등이 한국어로 번
역되고 있다.

　　1994년, 오에 겐자부로(大江健三郎)가 노벨 문학상을 수상했을 때, 그의 어머니
고이시(小石) 씨는 오에 겐자부로에 다음과 같이 말했다고 한다. "아시아의 작가 중
에서 노벨 문학상에 가장 적격자는 타고르와 노신입니다. 겐자부로는 거기에 비교
하면 좀 떨어지지요"라고 그의 어머니는 중국 문학에 깊게 심취하여 노신을 경애하
고 있었다고 한다.

주된 저작

　　1. 함성을 지르다(吶喊) ①광인일기 ②공을미(孔乙己) ③고향 ④아Q정전 외

　　2. 방황 ①축복 ②고독자 ③이혼

　　3. 야생초 ①제사 ②가을 밤 ③나의 실연 ④과객 외

　　4. 조화석십 ②후지노(藤野) 선생님 ④번애농(藩愛農) 외

　　5. 고사 신편 ①분월 ②리수 ③주검(鑄劍) ④비공(非攻擊) 외

　(노신, 보준(茅盾), 다케우치 요시미 역, 『세계 문학 전집 47』 카와이데 쇼보(1967
년 10월))

5. 노신의 문예 활동

노신이 일본으로부터 귀국하여 3년째의 1911년, 신해(辛亥)혁명이 일어났다. 노신은 학생을 모으고, '무장연설대'를 조직, 가두에 서서 선전에 애썼다. 그러나 부르조아 민주주의 혁명은 한 명의 황제를 폐위 시키는 것에 지나지 않았다.

10월혁명은, 중국 마르크스 레닌주의를 승리로 이끌었다. 노신은 오랜 세월 모색하고 있던 중국 혁명의 길에 올바른 대답을 찾아내, 그는 새로운 자세로, 전투의 대열에 몸을 던졌다.

1921년, 중국의 프롤레타리아 계급과 중국 공산당이 정치의 무대에 등장했다. 그는 즉각적으로 공산주의 선구자의 명령에 따라 혁명 투쟁에 몸을 던져 끝까지 투쟁했던 것이다.

노신은 좌익 문단의 기수로서 국민당 비판자라고 하는 '전력'에 의해, 중국 혁명의 성인으로 추대됐다.

마오쩌뚱에 의한 '노신의 성인화'를 거치고, 덩샤오핑시대에는 '독립사고'에 의한 새로운 노신 읽기가 시작되어, 현대 중국은 노신문학을 빼놓고는 말할 수 없게 되었다.

노신은 서거 후, 마오쩌뚱으로부터 '중국의 제일급의 성인'으로 떠받들어졌지만, 만약 그가 중화 인민 공화국 정치권에 있었다면, 노신은 반드시 이름뿐인 '인민 중국'에 이의를 제기하고 있었을 것이라고 논해지고 있다. 한편, 만년에 문화대혁명에 조우한 노신의 실질적인 처 쉬광평(許広平)은 『어두운 밤의 기록』에 "위대한 모택동 사상 만세!", "프롤레타리아 문화대혁명의 승리 만세!"라고 적고 있다.

6. 노신의 문예 작품

노신의 대표작이라고도 하는 『광인일기(狂人日記)』(1918), 『아Q정전(阿Q正伝)』에는, 중국 사회의 병폐를 날카롭게 비판하고, 봉건사회에서 인간의 위축된 마음이나 정신의 일그러짐을 폭로하여, 사람들에게 충격을 주었다. 그 후에도 어려운 언론 통제 아래에서 과감한 문필 활동을 계속하여 사회의 어두운 면과 권력자에게 도전하는 다량의 소설과 평론성을 지닌 짧은 수필들을 썼다. 노신 기념관내에는 약 300권 정도의 노신책이 양 벽에 있었다.

상기의 작품 중에서, 내가 특히 감명을 받은 작품은,『아Q정전』,『고향』과『후지노 선생님』이다.

1)『아Q정전』

『아Q정전』의 주인공에게 대하여, 소설의 일부를 인용하기로 했다.

"제3에, 나는 아Q의 이름을 어떻게 쓰는지도 모르는 일이다. 그가 생전에는, 사람들이 아Quei라고 부르고 있었지만, 죽으면 아무도 아Quei의 이름을 입에 대는 사람은 없을 것이다. 나도 여러 가지 생각해 보았던 적이 있다. 아Quei는 아계(阿桂)인가 그렇지 않으면 아귀(阿貴)일까 … . 만약 그에게 아부(阿富)라고 하는 이름의 형이나 남동생이 있었다고 하면, 그는 아귀가 틀림없다. 그런데 그는, 외톨이였던 것이니까, 아귀라고 하는 데는 증거가 없다" 아Q군은 집이 없고, 미장의 토지묘에 살고 있었다. 결정된 일자리도 없고, 일용으로서 보리 베기라면 보리 베기, 쌀 찧기라면 쌀 찧기, 노를 젓는 뱃일 등 닥치는 대로 일을 했다.

일이 많을 때에는 주인의 집에 입주하기도 했지만 끝나면 그 집을 나왔다.

이와 같이 노신은 소설속의 주인공 '부랑자의 아Q'를 통하여, 당시의 중국의 빈곤함과 무질서를 지적하며, 통렬하게 비판하고 있다.

2)『고향』

다음과 같은 서두로 시작된다.

떠난 지 20여 년이 되는 고향에, 나는 돌아갔다. 벌써 한 겨울이다. 게다가 고향에 가까워
짐에 따라, 형세는 이상해져, 차가운 바람이 휴휴 소리를 내고, 배안까지 휘몰아쳐 왔다.
배의 틈새로부터 밖을 보면 잔뜩 찌푸린 하늘 아래에 쓸쓸한 마을들이 있고 전혀 활기가
없다. 나는 속마음에 외로움이 복받쳐 오는 것을 참을 수 없었다.
아 이것이 20년간 꿈에도 잊은 적 없던 고향이 아닌 것인가.
내가 기억하고 있는 고향은 전혀 이 같지 않았다. 그 아름다움을 생각해 그 좋은 곳을
말하려고 하면, 그 그림자는 싹 지워지고 말도 떠오르지 않는다.
거기서 나는 이렇게 자신에게 타일렀다. 원래 고향은 이런 것이다.
진행도 없는 대신에, 내가 느낀 것처럼, 외로운 것도 아니다. 나 자신의 심경이 바뀌었을
뿐이다. 이번 귀향은 결코 즐거운 것이 없으니까.
나는 이번 고향에 이별을 고하러 왔던 것이다. 우리 일족이 모여 살고 있던 감옥은, 벌써
일족의 협의하에 남의 집에 팔아 버렸다.

20년 만에 귀향한 '노신'은, 기억 속의 아름다운 고향이 지금 적막의 마을로 바꾸
고 있는 것을 보고 안타까워했다. 쇠퇴해가는 변경의 땅을 고향으로 둔 사람이 느끼
는 쓸쓸한 풍경일 것이다.

3)『후지노(藤野) 선생』 - 도쿄·센다이(東京·仙台) 시대

1902년 1월, 광무철로 학당을 3등의 성적으로 졸업한 노신은, 3월에는 5명의 동급
생들과 함께 난징(南京)을 출발해 일본 유학길에 오른다.

1904년 4월, 유학생을 위한 예비학교, 홍문(弘文)학원을 졸업하면서 센다이 의학
전문학교에 입학했다. 노신은『함성을 지르다(吶喊)』에서 "나의 꿈은 크게 부풀어
있었다. 졸업해서 돌아오면, … 환자의 괴로움을 구하고, 전쟁 때는 군의관이 되어
국민의 유신에의 신앙을 깊게 하자고 생각했다"라고 회상하고 있다.

센다이의전(仙台医専)은 1902년에 제2 고등학교로부터 의학부가 독립한 것으로,

최초의 중국인 유학생을 무시험·학비 면제로 우대하고 직원이 하숙집 찾기까지 도왔다. 특히 해부학 교수 후지노 간쿠로(藤野嚴九郞)는 친절하고 정중하게 학생들을 지도하여 후지노 선생을 평생 잊지 않았다.

『후지노 선생』의 문장을 부분 생략하면서 소개한다.

… 다른 세계로 가 보면 어떨까. 나는, 센다이의 의학 전문학교에 가기로 했다. 센다이는 도시이지만 크지 않다. 겨울은 몹시 추웠다. 중국 학생은, 아직 없었다. … "내가 후지노 간쿠로라는 사람이다…"라고 소개하자 뒤쪽에서 몇 사람이 와 하고 웃는 자가 있었다. 계속하여 그는 해부학의 일본에 있어서의 발달 역사를 강의하기 시작했다. … 일주일이 지나고 어느 토요일 날, 그는, 조수를 통해서 나를 부르게 했다. "나의 강의를 필기할 수 있는가"라고 그는 물었다. "조금 할 수 있습니다." / "가져와 보세요." 나는 필기 노트를 내밀었다. 이틀 후 돌려주었다. 노트를 보았을 때 나는 놀랐다. 나의 노트는 처음부터 마지막까지 전부 주필로 첨삭되어 있었다. 문법의 잘못까지, 하나하나 정정이 되어 있었다. 2학년 세균학강의는 슬라이드가 교재로 사용되었다. 그러나 때때로 시간이 남는 경우 당시 중국 동북지방에서 벌어진 러일전쟁의 현장사진을 슬라이드로 학생들에게 보여줬다고 한다. 그 속에는 일본 군인이 중국인을 러시아의 스파이로 체포하여 처형하는 장면이 나오는데, 그것을 무표정하게 바라보고 있는 많은 중국인을 보고 노신은 충격을 받았다고 한다. 2학년 마지막에 후지노 선생님을 찾아가 의학 공부를 그만두고 싶은 것, 그리고 이 센다이를 떠날 생각이라는 것을 알렸다. 그의 얼굴에서 슬픔을 보았다. 센다이를 떠나기 2, 3일 전, 그는 나를 집에 부르고, 사진을 한 장 주었는데 뒤에는 '석별(惜別)'이라는 두 글자가 쓰여 있었다. 그때부터 여태까지 한 통의 편지도 한 장의 사진도 보내지 않고 있었다.

하지만, 나는 지금도 그를 생각해 낸다. 내가 나의 스승으로 받드는 사람 중에서 그는 나를 감격시키고 격려해준 유일한 분이다. …

… 후지노 선생님의 해부 시험에 노신은 100명 남짓의 동급생 중에서 중간으로 낙제하지 않았다. 어느 날 동급생의 하숙집에 가서 노신이 노트를 보여 달라고 하였다. 그 후 두꺼운 편지를 보내 와, 열어 보니 "그대, 회개하라"라는 불평이 쓰여 있었다. "중국은 약소국이다, 따라서 중국인은 당연, 저능아다. 점수가 60점 이상 있는 것은 너 힘이 아니다"라고 의심하고 있었던 것

같았다. 당시, 노신을 업신여긴 낙제반의 동급생들이 있었지만 멀리서 그를 지지하는 동료들도 있었다. …

노신이 학업을 중도에서 중단한 것은, 강의 중에 본 환등이 계기였다. 노신은 의학교를 퇴학하고 도쿄에 나왔지만, 그것은 '나약한 국민'은 비록 몹시 힘이 센 체격이어도, 관객 정도밖에 될 수 없다. 우선 그들의 정신을 개혁해야 하고 그 때문에 문학·예술을 선택해야 한다고 생각했기 때문이었다라고 말하고 있다.

나도 도호쿠대학 의학부 및 대학원 시대를 통하여, 100여 년 전의 노신과 거의 같은 생각을 하고 있다. 당시는 아직 일중국교도 회복되지 않는 시대로, 노신은 극히 일부의 지식인들에게 알려지지 않았었다.

1904년경의 노신 시대, 일본의 의학생 안에는 러일전쟁의 환등을 보고 '만세'를 외치는 군국주의에 심취한 학생들이 있었던 것이다.

1960년 초기, 내 의과대학 시절을 회상해보면 아시아의 역사를 알지 못하고, 이웃나라에 무관심한 동급생들이 대부분이었다. 그러나 재일동포인 나를 이해하는 구도(工藤) 씨와 같이 묵묵히 면학에 힘써, 나의 고향 제주도의 한촌에까지, 사이토(斉藤) 교수님과 함께 방문해 준 친구가 있었다.

그는 의학부 교수가 되어 전 생애를 학문의 길에 바치고 정년을 맞이하였다.

일반 서점에 늘어놓은 '센다이의 지도·가이드서'를 보면, 아오바성(青葉城)의 '즈이호덴(瑞鳳殿)'이나 미야마치(宮町)의 '토쇼구(東照宮)' 등은 소개되고 있어도, 중국의 문호 노신의 문학비에 대해서는 별로 언급하고 있지 않다. 정말로 유감스런 일이다.

5. 상하이의 발전

노신 시절에는, 상하이-쇼코(上海 紹興)간은 3박 4일의 뱃길이었으나, 지금은 고속철도로 연결되어 불과 2시간이면 갈 수 있다. 30년 전 쇼코의 중심가인 해방로에는 사탕수수를 파는 노점 등 노신이 살았던 시대를 그리워하는 풍경이 남아 있었다.

그러나 2010년 12월의 해방로에는 백화점이나 부티크가 들어서면서 신상하이와 같이 발전되어 있었다. 필자도 상하이의 중심가를 걸었지만, 일본의 상가와 다르지 않는 분위기였다. 중국의 발전은 '노신이 살았던 시대의 옛날 중국'으로부터 '고도 경제성장과 함께 몹시 변모한 중국'에의 격변을 상징하고 있는 것이다. 현대 중국은 유물 사관이라고 하는 기본 사상이 변화하고 있는 시기보다 더욱더 혼란스러워지고 있었다.

(2013.11.1.)

39. 윤동주 시비와 연세대학교

   2013년 3월, 필자는 서울의 지하철 2호선 신촌역에서 10분 정도 거리에 있는 연세대학교본부를 방문했다. 입구에서 구내로 들어가면, 양측에 교사가 나란히 서 있고 많은 학생과 직원, 견학생들이 걷고 있었다. 연세대학교 서울캠퍼스의 면적은 일본의 도시샤대학이나 릿쿄대학보다 더 넓고, 그 광대함은 미국의 전통 있는 대학을 방불케 했다. 캠퍼스의 중앙에는 "진리가 당신을 자유롭게 한다"라고 쓴 조각석판이 놓여 있었다.

1. 윤동주의 시비

1) 윤동주의 경력

1917년 12월 30일	중국 길림성 화용면 명동마을에서 출생.
1925년(9세) 4월	명동 초등학교 입학. 중국인 소학교에 1년 통학.
1931년(15세) 3월	명동 초등학교 졸업.
1935년(19세)	평양 숭실중학교 3년에 편입.
1938년(22세) 4월	연희전문학교 문과 입학.
1941년(25세) 12월	전시 학제단축으로 연전 4년 졸업.
1942년(26세) 4월	도쿄 릿쿄대학 영문학과 입학. 여름방학에 마지막 귀향.
1942년(26세) 10월	교토 도시샤대학 영문학과 전입학
1943년(27세) 7월	교토 시모가모 경찰에 독립운동 혐의로 검거.

1944년(28세)	후쿠오카 형무소에 투옥.
1945년(29세) 2월 16일 오전 3시 36분	후쿠오카 형무소에서 옥사.
1948년 1월	유고 31편을 모은 시집『하늘과 바람과 별과 시』를 출간.
1968년 11월 3일	연세대학교 내에 윤동주 시비 건립.

2) 윤동주의 시비

연세대학교 입구에서 보이는 정면 건물이 Stimon관이며, 전면에 미국 선교사 Underwood의 동상이 있다. 이 동상에서 우측의 언덕 경사면에 윤동주 시비가 있고, 그 뒷부분에 윤동주 기념전시실이 있는 연세대학교 법인사무소가 보인다.

비의 정면에는, 시인 직필 한글 문자의 「서시」가 조각되어 있다. "죽는 날까지 하늘을 우러러 한 점 부끄럼이 없기를…". 연세대학교의 시비는 1968년(윤동주 사후 23년)에 문단이나 친구들의 헌금으로 교내에 지어졌다. 설계는 남동생의 윤일주 씨(두개를 설계하여, 하나는 도시샤의 시비가 되었다)가 맡아 제작하였고, 비명의 초고는 친구 유령 씨(연세대학교 교수)가 담당했다. 제막식은 1968년 11월 3일, 시인의 은사나 친구들을 비롯하여 수백 명의 사람들이 참석하여 행해졌다. 그날, 친족 대표로 인사한 남동생의 윤일주 씨가 도중에 눈물을 흘려 다른 사람들까지도 감격의 눈물을 흘리게 했다고 한다. 윤동주 시비는 연세대학교의 서울 캠퍼스 외에 원주 캠퍼스에도 있다.

필자는 시비를 바라본 후, 윤동주 기념 전시실에 들어가 사진과 유품에 의한 윤동주의 생애를 조용히 관찰하였다. 그리고 윤동주가 일찍이 동급생 여러 명과 사진을 찍었다는 Underwood 동상 부근을 산책하면서 기념사진을 찍었다.

'윤동주 시인 유고·유품 기증 특별전' 개막식이 2013년 2월 27일, 오전 10시 40분

윤동주 시비(연세대학교)

부터 연세대학교 학술정보원 1층에서 개최되었다.

　일본에서는 도쿄의 '시인 윤동주를 기념하는 릿교의 모임'의 야나기하라 씨를 비롯하여 6명이 멀리 서울 행사장에까지 갔으며 필자에게도 팸플릿을 비롯하여 수많은 자료를 제공해 주셨다. 또 2013년 3월에는 '후쿠오카 윤동주의 시를 읽는 모임'의 회원 8명이 서울의 연세대학교를 방문하였다.

2. 연세대학교의 역사와 세브란스병원

　1885년 4월 10일, 미국의 장로파 교회에서 파견된 선교사 H.N. Allen 박사에 의해 조선 왕조로서는 처음 서구식의 왕립병원(제중의원으로 개명)이 설립되었다. 설립

이후, 운영상의 문제로, 교회는 1893년 7월 16일, 캐나다 토론토대학에서 O.R. Aivison을 파견하여, 조선 정부로부터 재정 원조를 받는 일에 성공한다. 1899년에 미국의 세브란스(L.H. Severance) 씨가 기부한 기금으로 1904년 세브란스의학전문학교를 창립, 1909년 사립 세브란스의학교가 된다.

1915년 3월에 YMCA가 조선 기독교학교를 설립하여, 1917년에는 연희전문학교로 인가를 받아 전문학교로 승격한다.

일본 식민지 시기, 총독부가 강제적으로 교명을 경성 공업경영전문학교와 아사히 의학전문학교 등으로 변경했으나 1945년에 원래의 교명으로 되돌렸다.

독립 후 1946년에 전문학교에서 종합대학의 연세대학교 및 세브란스의과대학으로 발족하여, 국내에서는 첫 남녀공학이 실시된다. 1957년에 연희대학과 세브란스의과대학이 통합하여 연세대학교로 발족한다. 초대 총장으로 백낙준 씨가 취임했다. 현재의 학생 수는 32,200명이다.

영국의 국제 고등교육 기관 QS사에 의한 아시아 대학 평가 랭킹에서는 연세대학교가 2011년 조사에서 18위, 2012년 조사에서는 16위에 위치하고 있다. 그리고 2006년, 모든 과목을 영어로 강의하는 언더우드국제대학의 학생 수를 증가시키고 있다.

3. 연세대학교 의료원

연세대학교에는 의과대학, 치과대학, 간호대학이 있어, 복수의 병원이 부속되어 있다. 병원은 서울 신촌동 외에 각지에 산재하고 있으며, 주된 구성 병원은 전국에 7개소가 있다.

필자도 1970년에 도호쿠대학 은사의 추천을 받아 연세대학병원의 내과 강사로 부임할 예정이었으나, 당시 한국의 정치 불안 등으로 뜻을 단념한 경위가 있다.

문헌〉

1) 연세대학교(Wikipedia).
2) 연세대학교 의료원(Wikipedia).
3) 윤동주 기념관(한글): 연세대학교, 2013.
4) 윤동주 시비, 학교 법인 도시샤, 2010.

(2013.4.2.)

저자 강건영(姜健榮)

1938년 9월생. 도호쿠대학(東北大学) 의학부 졸업, 동대학원 수료 내과학 전공, 의학박사. 제1회 미·일 암협력 사업 미국 파견 연구자, 오사카 대암 협회 조성금 수여, 미국 츄렌대학 의학부 조교수, 미국 앨라배마주 한트빌 명예시민, 전남영광군수·제주도자연사박물관장 감사패, 재일의사회 간사이지부 전 회장, 오사카노동국 노재협력의. 현재, 대동클리닉 이사장.

주요 저서:

수필집 6편, 시집 5편

『의학 논문집 (1)』, 『신내과학체계』 및 『신내과학』 공동 집필. 『일본의 개호보험과 재일 사회』(2001), 『일본의 개호보험 2001』(의학신문사(서울), 2001), 『일본의 의료·개호보험·NPO 연구』(밀사(서울), 2004)

『동아시아의 결핵과 일본의 의료·의약 분업』(ANC사, 2004)

『범종을 찾아서』(ANC사, 1999)

『이조의 미-불화와 범종』(아카시서점, 2001)

『고려 불화』(ANC사, 2002)

『현대사에 배우다』(ANC사, 2003)

『개화파 리더들의 일본 망명』(슈초사, 2006)

『석면(asbestos) 공해와 암 발생』(슈초사, 2006)

『꿈과 정에의 여행-에세이 63편』(오사카서적, 2007)

『근대조선의 그림』(슈쵸사, 2009)

『치매증과 양로원』(쓰치다계획인쇄, 2010)

『치매증과 양로원-부록·수필 28편』(밀알기획(서울), 2011)

『이조도자기와 도공들(The Pottery and the Potters of Yi Dynasty)』(슈조사, 2012)
『중국, 중앙아시아, 러시아 극동 기행』(日語)(슈조사, 2014)

문화활동(1988~2015)

1) 1990년 사무국장으로 재직시 四国愛媛県大洲市에 유학자 강항(姜沆) 현창비 건립.

2) 蔚山박물관에서 고려범종(高麗梵鐘) 正祐寺鐘을 1년간 전시하고 반환운동 전개.

3) 일본각지의 사원을 방문하여 興正寺仏画(名古屋)를 비롯한 고려시대의 불화를 조사.

4) 일본의 국립병원 재직 당시와 미국 유학 시절, 석면공해와 발암에 관한 연구 실시.

5) 일본에서 근대조선의 회화에 대한 조사와 연구 실시.

6) 大阪, 東京에서 화가 카토쇼린진(加藤松林人)의 개인전을 개최하고, 제주도에 평풍화(屛風画) 기증.

7) 九州佐賀県唐津市에서 도공13대 후손 中里紀元 씨를 만남. 이조도자기에 대해 연구.

8) 개화파 리더 金玉均, 朴泳孝, 徐載弼에 대해 연구하고, 공주, 남양주, 보성, 도쿄 青山, 미국 등에 있는 그들의 묘지와 기념비를 방문.

9) 안중근 의사와 관련하여 宮城県大林寺, 하얼빈 기념관과 兆麟공원을 방문.

10) 노신(魯迅)문학에 대한 연구. 일본 仙台에 있는 노신의 동상과 上海의 기념관을 관람.

11) 일본의 개호보험제도를 비롯해 치매증, 노인개호시설(介護施設) 등에 대한 조사·연구.

12) 중국, 중앙아시아, 러시아 극동지역을 여행하고 일어와 한국어로 기행문을 출판.

13) 하얼빈과 광주를 방문하여 음악가 정율성 기념관과 탄생지 기념비를 관람.

14) '구미로부터의 선교의사와 주교'에 대한 연구와 논문 발표.

15) 경남 통도사와 한국의 명찰을 해방전에 그린 카토 화백의 사찰화를 소개.